Para Entender a Terceirização

Márcio Túlio Viana

Professor no Programa de Pós-graduação da PUC-Minas.
Desembargador aposentado do TRT da 3ª Região.

Para Entender a Terceirização

2ª edição

LTr®

EDITORA LTDA.

Rua Jaguaribe, 571
CEP 01224-003
São Paulo, SP — Brasil
Fone (11) 2167-1101
www.ltr.com.br
Janeiro, 2017

Versão impressa — LTr 5729.3 — ISBN 978-85-361-9111-9
Versão digital — LTr 9090.8 — ISBN 978-85-361-9132-4

Dados Internacionais de Catalogação na Publicação (CIP)
(Câmara Brasileira do Livro, SP, Brasil)

Viana, Márcio Túlio

Para entender a terceirização / Márcio Túlio Viana. — 2. ed.
São Paulo : LTr, 2017.

Bibliografia.

1. Direito do trabalho 2. Terceirização I. Título.

17-00689 CDU-34:331:338.46

Índice para catálogo sistemático:

1. Terceirização : Direito do trabalho 34:331:338.46

Aos meus netinhos Luiza, Margot,
Gabriel e Helena,
e à minha afilhada Isabela

Sumário

Conversa com o Leitor

Esse pequeno livro traz de volta alguns singelos escritos meus, mas sobretudo os ordena, revê e atualiza.

O objetivo inicial era apenas esclarecer alguns pontos de vista, para municiar os que combatem as terceirizações. Como sabemos, há hoje uma forte pressão para que elas se expandam — como o vírus de uma peste — e os efeitos podem ser dramáticos.

No entanto, como o ato de escrever envolve também o de pensar, acabei reelaborando, aqui ou ali, algumas ideias — e sistematizando melhor a matéria.

Isso não significa, é claro, que essas pequenas novidades não possam vir a ser aperfeiçoadas no futuro. E para isso também conto, naturalmente, com a sua ajuda, meu caro e paciente Leitor.

Como o tema extrapola o interesse dos profissionais do Direito — afetando toda a sociedade — tentei fugir ao máximo do *juridiquês.* Quando isso não foi possível, inseri explicações no rodapé.

Dada a urgência dos debates, completei a primeira edição deste livro em pouco mais de uma semana — o que tornou especialmente preciosas as ajudas que recebi.

Agradeço, com carinho, à minha esposa Gina, por suas sugestões e críticas, mescladas de amor. E de forma também especial ao amigo Otávio Linhares Renault, que ao longo de tantos anos tem-me oferecido — nas horas fáceis e difíceis — preciosas amostras de sua aguda inteligência e imensa sensibilidade.

Agradeço ainda ao professor Amauri Cesar Alves, ao auditor fiscal Thiago Moraes Raso Leite e à assistente judicial Raquel Betty de Castro Pimenta, que tive o prazer de orientar no Mestrado e Doutorado da PUC-Minas e agora me retribuem com valiosos dados e opiniões.

Para esta segunda edição, tentei ser ainda mais claro. E penso ter alinhavado melhor as conclusões, algumas delas a partir de um breve contato com a inteligência e a sensibilidade da amiga Valdete Souto Severo, a quem também agradeço.

Capítulo 1

Os Significados da Palavra

"Numa casa de caboclo
um é pouco
dois é bom
três é demais."
(toada sertaneja)

Talvez haja uma boa razão, talvez seja mero capricho — mas o fato é que a Natureza parece gostar dos pares. Basta olhar para nós mesmos: temos duas orelhas, duas mãos, duas pernas, dois olhos... É bem verdade que *não temos* duas cabeças — mas, de todo modo, são dois os lóbulos cerebrais. O coração tem dois ventrículos, duas aurículas e recebe dois tipos de sangue. Ao respirar, inspiramos e expiramos.

A não ser alguns indivíduos muito estranhos — os hermafroditas — todos nós, dos homens aos beija-flores, formamos duplas. Mesmo as coisas que são *solteiras* de certo modo *se casam* com os seus opostos: o dia e a noite, o Sol e a Lua, a vida e a morte, o sono e a insônia...

Mas se o par é a regra, pode sempre aparecer, aqui ou ali, uma exceção — ou mais exatamente um *terceiro.* Às vezes, para restaurar o equilíbrio, como a bengala do ancião, que lhe serve de uma perna a mais. Outras vezes, desequilibrando a relação, como na história de Sá Rita e Zé Gazela, que os antigos violeiros cantavam assim:

> *"Quando Gazela viu Sá Rita, tão bonita*
> *pôs a mão no coração*
> *Ela pegou, não disse nada, deu risada*
> *pondo os oinho no chão.*
>
> *E se casaram, mas um dia, que agonia*
> *quando em casa ele voltou*
> *Zé Gazela viu Sá Rita, muito aflita*
> *tava lá Mané Sinhô."*[1]

No sistema capitalista de produção, a exceção se transforma em regra, já que — pelo menos sob certo aspecto — o terceiro está sempre presente. Ele é *o próprio empresário*, que se coloca entre quem produz (o trabalhador) e quem compra (o consumidor).

Essa espécie de terceirização é da essência do sistema. Se ela não existisse, o trabalhador produziria com os seus próprios meios e o mundo seria diferente. Apesar disso, não a percebemos bem, ou não a valorizamos muito, talvez porque o próprio sistema nos induza a trocar a essência pela aparência, transformando em par o terceiro.

Assim, quando falamos usualmente em terceirização, focalizamos um *outro* fenômeno, circunstancial e não estrutural, periférico e não central, embora também importante. Mas mesmo esse fenômeno tem duas faces; são duas formas diferentes de terceirizar.

Na primeira, a empresa se serve de trabalhadores alheios, como se inserisse uma outra dentro de si. É o que acontece, por exemplo, se o capitalista A quer se dedicar apenas à fabricação de parafusos, livrando-se de seu pessoal de limpeza, e então contrata B para que este lhe forneça o pessoal, ou quando um banco se utiliza de vigilantes de uma agência especializada. Note-se, desde logo, que a empresa contratada nada produz ou comercializa — a não ser *os próprios trabalhadores*.

Já na segunda, a empresa faz o movimento inverso, jogando para fora de si não só trabalhadores, como algumas das — ou mesmo *todas* as — etapas de

---

(1) TAVARES; H.; PEIXOTO, L. *Casa de caboclo*. Música.

seu ciclo produtivo, como se se lançasse dentro de outra. É o que ocorre, por exemplo, quando um industrial descarta para outro a fabricação de parte do produto — ou até do produto inteiro, quando se torna o que alguns chamam de "empresa vazia". Um exemplo é a multinacional italiana Benetton, uma fábrica *que não é*[2]. Nesse caso, a terceirização leva à terciarização.

A primeira forma se tornou conhecida há poucas décadas, entre nós. Mas sua origem é remota, basta lembrar, por exemplo, que na Grécia antiga já se alugavam escravos para o trabalho nas minas. No Brasil, as primeiras fábricas de cerveja, autorizadas por D. Pedro II, também preferiam alugar escravos, ao invés de comprá-los[3].

Já a segunda evoluiu em meados do século XX, na indústria de automóveis, e hoje se espalha por quase todos os lugares. Não é difícil, por exemplo, comprarmos um relógio com peças chinesas, brasileiras e mexicanas. Entre os economistas, essa prática é também conhecida por *outsourcing* ou *putting-out*. Já os juristas de outros países usam o termo "subcontratação".

Esse duplo sentido da palavra pode causar confusões. É comum, por exemplo, uma pessoa criticar — genericamente — as terceirizações, mas pensando apenas na primeira de suas formas; e outra rebatê-la, imaginando a segunda — ou vice-versa[4].

Assim, alguém se lembra dos terceirizados que fazem faxina em escritórios e afirma em tom enfático:

> — Sou radicalmente contra a terceirização, pois ela cria uma subclasse de trabalhadores!

O outro pensa então nos que trabalham em empresas subcontratadas (ou seja, em forma de rede), e contesta:

> — Não vejo como obrigar uma fábrica de carros a fabricar todas as suas peças, do radiador aos pneus, inserindo num só lugar todos os trabalhadores!

---

(2) Nos Estados Unidos, cerca de 70% dos trabalhadores atuam na área de serviços. A mesma coisa acontece nas principais economias europeias. ANTUNES, Ricardo. *Os sentidos do trabalho — ensaio sobre a afirmação e a negação do trabalho*. São Paulo: Boitempo, 2001. p. 111.

(3) MOREIRA, Melquise de. *I Seminário sobre Terceirização no Trabalho*, João Pessoa, nov. 2004.

(4) Esse fato se repetiu várias vezes na audiência pública promovida pelo TST sobre o tema, quando os críticos da terceirização se referiam a uma de suas formas, e os seus adeptos respondiam com a outra. Mas, outras vezes, uns e outros também misturavam os conceitos, como se fossem uma coisa só.

Na verdade, o ideal seria encontrar uma segunda palavra para indicar a segunda forma de terceirizar. É o que fazem alguns autores, distinguindo a externalização de serviços e a de bens. A essa altura, porém, a palavra "terceirização" — com seus *dois* sentidos — já se incorporou de tal modo em nosso vocabulário, que o melhor parece ser adjetivá-la.

Foi o que ensaiamos há já bastante tempo, num primeiro esforço de classificação, chamando uma de "interna" e a outra de "externa". Na primeira, a empresa traz trabalhadores alheios para dentro de si. Na segunda, joga para fora de si não só trabalhadores seus, como etapas de seu ciclo produtivo.

Uma e outra podem ser vistas como faces de um mesmo fenômeno. São o retrato em miniatura de um movimento mais complexivo do sistema, no sentido de *excluir* muito mais do que *incluir*[5]. Ainda assim, têm componentes diferentes, geram efeitos nem sempre iguais e podem ser combatidas por meios também distintos.

Além disso, como veremos, as próprias palavras "externa" e "interna" merecem uma nova observação. E é o que faremos nesse pequeno livro, alterando um pouco o que havíamos escrito em textos anteriores.

Note-se que, teoricamente, é possível distinguir a terceirização interna da intermediação de mão de obra — pois apenas na primeira o terceirizado estaria subordinado ao tomador de serviços, como acontece na hipótese (excepcional) do trabalho temporário. No entanto, no plano concreto, como veremos depois, as situações quase sempre se confundem, pois é virtualmente impossível haver trabalho constante, necessário, na realização de uma atividade própria de uma empresa (e quase sempre em suas dependências, com o seu material) sem que o trabalhador também se subordine a ela (a menos que se reduza o conceito de subordinação).

---

(5) Esse movimento nega o Estado do Bem-estar Social e a necessidade de proteção ao trabalhador, ao mesmo tempo em que produz desemprego, subemprego e até escravidão; um dos sinais mais evidentes e curiosos de sua lógica está no fato de que os índices da Bolsa de Nova Iorque costumam aumentar sempre que as empresas se enxugam, praticando o chamado *down-sizing*.

Capítulo 2

Outras Figuras de Terceiros

Apenas por curiosidade, não custa notar que — mesmo no campo jurídico — há várias outras hipóteses em que alguém se intromete na relação entre as partes. É o que ocorre, por exemplo, quando damos gorjetas: não só o empregado as considera ao aceitar a oferta de salário, como o empregador deve levá-las em conta ao calcular várias parcelas — sejam salariais ou indenizatórias[6].

É o que também acontece quando o advogado *de partido* recebe *da outra parte* os honorários de sucumbência. Ou quando a empresa escreve em seu ônibus: "Estou dirigindo bem? Disque...", esperando que as pessoas a ajudem a fiscalizar os motoristas. Ou ainda quando um torcedor de futebol cobra *raça* dos jogadores, reforçando o poder dos que comandam o clube ou o time.

Aliás, também o sindicato não deixa de ser terceiro na relação empregado-empregador, interferindo tanto na celebração como na execução do contrato de trabalho. E o que não dizer do Estado? Só a nossa CLT tem 922 artigos: são pelo menos 922 intervenções... O que não quer dizer que não sejam (na grande maioria) necessárias...

Em resumo: do legislador ao fiscal do trabalho, do líder sindical ao freguês de um restaurante, são vários os *terceiros* que podem influir na relação de emprego. Mas nem por isso, nesses casos, usamos o verbo "terceirizar"...

(6) É que as gorjetas, como se sabe, repercutem no cálculo das férias, do 13º salário, do FGTS, da "multa" de 40%, etc.

Por fim, se dermos à palavra um sentido mais amplo, veremos que a terceirização invade cada vez mais as nossas vidas: são as babás da creche que cuidam de nossos filhos, os agentes de viagem que compram as nossas passagens, os cambistas do futebol que nos vendem os ingressos... De certo modo, o próprio empregador *terceiriza-se* no empregado, quando projeta dentro dele não só o desejo (ou a necessidade) de obedecer, mas *o próprio comando* — como se o transformasse também num híbrido, empregado e empregador de si mesmo(7).

(7) Também, nesse sentido mais amplo, pode-se dizer que o próprio empresário é um terceiro, por se colocar entre quem produz (o trabalhador) e quem compra (o consumidor).

Capítulo 3

Distinguindo Melhor as Duas Formas

Vimos que, na terceirização interna, a empresa realmente *internaliza* trabalhadores alheios — como acontece no trabalho temporário, nas empresas de asseio e conservação e, de um modo geral, nas chamadas "atividades-meio", que servem apenas de suporte ao objetivo central de seus negócios. Nesse último caso, naturalmente, a classificação de "atividade-meio" se refere apenas à empresa tomadora, já que a empresa que fornece os empregados exerce (ao fornecê-los) uma "atividade-fim".

Já na terceirização externa, a empresa quer, de fato, *externalizar* etapas de seu ciclo produtivo — uma prática cada vez mais disseminada. Assim, a fábrica A, ao invés de fazer um barco inteiro, faz só a sua estrutura, descartando os remos para B e os bancos para C.

Mas ainda que adotemos essas duas palavras — "interna" e "externa" — como faremos aqui, é preciso admitir que essa diferença — que sugere *lugares* — é relativa.

De fato, pode acontecer — mesmo por exceção — que a empresa externalize etapas de seu ciclo produtivo, mas suas parceiras atuem na mesma planta, num único ambiente — como ocorre em algumas fábricas de automóveis. Outras vezes, inversamente, a empresa internaliza empregados alheios, mas esses trabalhadores permanecem fora dela — como é o caso de muitas (supostas) cooperativas de mão de obra e alguns *call centers.*

Assim, para entender melhor as diferenças e os significados das duas formas de terceirização, talvez seja interessante voltarmos a uma velha e sábia lição de Alonso Olea, ao comparar o trabalho por conta própria com o trabalho por conta alheia[8].

No trabalho por conta própria, o produto pertence ao trabalhador do início ao fim do processo produtivo. O artesão faz o seu cesto de vime e só num segundo momento o transfere — se quiser — para as mãos do comprador.

Já no trabalho por conta alheia, o produto vai passando imediatamente para o empresário, *em tempo real*, na medida em que está sendo fabricado. É como se, pouco a pouco, o cesto do artesão fosse escorrendo de suas mãos e encontrando as mãos do outro.

Pois bem. A terceirização externa lembra o trabalho por conta própria. Uma empresa contrata a outra, mas o que lhe interessa é o produto final. Por isso, só ao término da produção passa a ter propriedade sobre ele.

Já a terceirização interna se articula com o trabalho por conta alheia. A empresa tomadora vai se apropriando do trabalho dos terceirizados à proporção em que eles o executam. Aproveita a força de trabalho do mesmo modo que faria se os tivesse contratado como empregados seus.

A terceirização *interna* inspirou a Súmula n. 331 do TST — sobre a qual falaremos adiante. A *externa* liga-se mais de perto à questão do grupo empresarial, previsto no art. 2º, § 2º, da CLT. Mas há decisões que aplicam aquela súmula mesmo aqui, ou pelo menos parte dela, como explicaremos depois.

(8) OLEA, Alonso. *Introdução ao direito do trabalho*. Coimbra: Almedina, 1965. *passim*.

Capítulo 4

O Passado Ensina

O capitalismo industrial não nasceu de repente. Começou a ser construído ainda no sistema feudal, quando a vida cotidiana se regulava pelo Sol, pela chuva, pela neve e pelos antigos costumes de servidão e vassalagem[9].

Até então, nos campos, o servo misturava um trabalho meio livre com um trabalho meio escravo. Não podia deixar a terra: de certo modo, pertencia-lhe. Daí ser chamado de servo da *gleba*. Mas podia ter a sua enxada, o seu casebre, o seu trigo e às vezes, com sorte, até a sua parreira e o seu vinho.

Em algumas épocas ou lugares, a vida era tão pobre que ele nem lavava o prato, para não desperdiçar sequer as migalhas das migalhas[10]. Mas o senhor do castelo o socorria nas pestes e nas guerras, e às vezes abria os grandes silos para saciar as fomes.

Não o fazia por ter pena, ou por ser bom, ou porque o rei o obrigasse a isso; naquele tempo, era possível que ele fosse até mais forte que o rei, e o que o forçava, na verdade, era a tradição, que naquele tempo tinha um peso muito grande.

---

(9) Note-se que os regimes de servidão variavam muito, assim como variava o próprio regime prevalente de trabalho, que nem sempre, em todos os lugares, era este — mesmo se tomarmos em conta apenas o Ocidente. Aqui, tomamos como referência o que *em geral* acontecia no centro da Europa e na Inglaterra.

(10) HUBERMAN, Leo. *História da riqueza do homem*. Rio de Janeiro: Zahar, 1981.

Além do mais — e como toda a gente — o senhor do castelo queria ganhar o céu, ou pelo menos fugir do inferno; e com essas caridades se sentia mais seguro — o que não impedia de maltratar seus servos, como o pai rigoroso fazia com os filhos, já que a mesma religião o autorizava a isso.

Dessa mistura — tradição e fé — surgiam, assim, direitos contraditórios: o mesmo nobre que devia proteção ao servo era autorizado a deflorar — ou estuprar — sua jovem esposa, e se de um lado devia respeitar as terras comuns, ninguém o impedia de galopar a cavalo — perseguindo raposas ou alces — por sobre as plantações camponesas.

Quase todos os dias, o servo lavrava as terras de uso comum, muitas vezes em mutirão, usando o único arado da aldeia. Em geral, uma ou duas vezes na semana trabalhava os campos do senhor. Sua enxada, quase sempre, era toda de madeira; e havia os que cavavam com as mãos.

Ainda assim, esse trabalho diário não sofria a constrição que depois se veria na fábrica. Em geral, ninguém trabalhava mais do que o necessário para sobreviver. Nos campos ingleses, era comum respeitar-se a segunda-feira — o *Saint Monday Day* — que talvez servisse, algumas vezes, para curar a ressaca do domingo...

Nas cidades — que no início minguaram, e depois ressurgiram —, as rotinas eram diferentes, mas o tempo também passava mais lento, sem as pressas e disputas que viriam depois.

Os artesãos regulavam a vida dos aprendizes e sua própria vida, defendendo-se não só da concorrência externa, mas de si mesmos. Para isso, as pequenas oficinas se organizavam em corporações de ofício.

As corporações tinham regras rígidas e precisas. Algumas proibiam seus membros de comprar matéria-prima além de um certo limite, contratar mais de um ajudante, anunciar os produtos na rua ou até mesmo tossir na janela para atrair os passantes...[11]. Por isso, ainda que um deles quisesse acumular, seria difícil fazê-lo. E na verdade, em geral, o homem médio parecia ter sonhos mais modestos. Queria apenas reproduzir a sua condição de vida, e mais tarde *repetir-se* no filho.

Nas aldeias, as feiras vendiam ou trocavam pequenos produtos, em pequena quantidade, com ganhos pequenos. Os trabalhadores produziam quase tudo o que consumiam, do pão aos tamancos, da roupa ao azeite. Mesmo os que viviam

(11) KRANZBERG, M.; GIES, J. *Breve storia del lavoro.* Milão: Mondadori, 1991. p. 41.

nas cidades costuravam suas meias, criavam suas raras galinhas e às vezes mantinham toscas hortas domésticas. Até os castelos, durante séculos, foram sóbrios.

A moral, as tradições e a ética cristã fortaleciam esse modo de viver, de pensar e de sentir. Como as pessoas praticamente não tinham como investir, em geral só pediam empréstimo em caso de dificuldade. Assim, cobrar juros era faltar com o dever de caridade — e se arriscar, mais uma vez, ao inferno.

Ao que parece, comumente não havia mesmo um espírito capitalista. Até as terras eram bens *fora do comércio*, pois o rei cedia apenas o seu uso aos nobres mais altos, que faziam o mesmo em relação aos mais baixos, em troca de proteção.

É verdade que entre os países havia o comércio de longa distância, que enriquecia negociantes e banqueiros. Alguns deles chegaram até a fazer e a desfazer imperadores e papas. Mas o ganho que obtinham não vinha — pelo menos diretamente — da exploração do trabalho alheio, e sim da estratégia de comprar barato e vender caro, jogando com as distâncias[(12)]. Além do mais, o espírito de acumulação estava longe de se espalhar pela sociedade.

Essa realidade começou a mudar a partir do século XV ou XVI, com as revoluções científica, agrícola e comercial. Pouco a pouco, difundia-se uma nova ética — a do lucro — que acabou subvertendo os regimes de trabalho. As práticas de consumo também mudavam. O tempo se tornava precioso, transformava-se em dinheiro. Era preciso usá-lo *produtivamente*.

Nos campos, antigos servos eram expulsos das terras. Nas cidades, as corporações se verticalizavam — por fora e por dentro[(13)] — perdendo o espírito original, enquanto as manufaturas introduziam a técnica da divisão de trabalho, iniciando — mesmo antes da máquina a vapor — um lento e persistente processo que acabaria por subtrair do trabalhador todo ou quase todo o conhecimento sobre o modo de produzir[(14)].

Mais ou menos na mesma época, burgueses endinheirados já se envolviam de outros modos no processo produtivo. Talvez se possa dizer que já não eram apenas negociantes, mas não tinham se tornando ainda industriais.

Ao invés de apenas comprar para revender, encomendavam os produtos — em geral, tecidos — a famílias pobres, fornecendo matéria-prima, fixando prazos

(12) POLANYI, K. *La grande trasformazione.* Torino: Einaudi, 2000. p. 83.

(13) De um lado, só os filhos de mestres ou os que pagavam elevadas caixas chegavam a mestres; de outro, passou a haver corporações superiores e inferiores; além disso, a concorrência começou a disseminar.

(14) MARGLIN, S. Origem e funções do parcelamento das tarefas (para que servem os patrões?) In: GORZ, A. *Crítica da divisão do trabalho.* São Paulo: Martins Fontes, 1989. p. 37-78.

e às vezes até emprestando pequenas máquinas. Era o que alguns sociólogos chamaram de *fábrica difusa* ou *disseminada.*

Essa forma de trabalho começou nos campos[15], quando o sistema feudal já dava sinais de cansaço, a moeda voltava a circular, as pestes iam e vinham e o trabalhador se via obrigado a recorrer a outras fontes de ganho. Assim, mesmo depois de semeado o trigo e guardada a enxada, as fadigas recomeçavam, mas já agora dentro de casa, lado a lado com a mulher e os filhos.

É claro que, muitas vezes, o que havia era verdadeiro trabalho em domicílio, com todos os pressupostos que hoje vemos em relação de emprego. Mas, talvez, nem sempre isso ocorresse, e de todo modo não será exagero identificar ali o gérmen da terceirização externa — ou da atual produção em cadeia.

O passo adiante veio quase naturalmente, quando as pessoas — com tempos e espaços sempre menores para produzir o que precisavam — foram se tornando cada vez mais dependentes do mercado; e o próprio mercado, por isso mesmo, foi se fazendo mais exigente.

Já então, o capitalista percebera como era difícil racionalizar aquela espécie de *fábrica difusa,* cujos trabalhadores se dispersavam em grandes áreas, mal servidas por estradas, e escondiam os gestos de trabalho entre as quatro paredes de suas casas. Eram pessoas não habituadas a prazos, horários, nem a comandos rígidos no trabalho. Assim, nem sempre entregavam o produto nos modos ou dias combinados, ou com a qualidade desejada, e não raramente desviavam ou surrupiavam matéria-prima, compensando os seus salários de fome.

A solução foi reuni-los num mesmo espaço físico — a fábrica — a fim de controlar pelo menos os horários e a produção. Na verdade, esses controles haviam surgido antes mesmo das máquinas, até porque *elas próprias* perseguiam também esse fim. Foi o que aconteceu também com as manufaturas reais, que nos tempos mercantilistas já agrupavam operários e praticavam a divisão de trabalho — muitas vezes minuciosa — mas ainda sem o aparato mecânico que surgiria depois.

Naturalmente, só os que tinham acumulado podiam comprar e usar as máquinas que foram surgindo, aprisionando-as naquelas grandes construções de pedra, ferro e tijolo, que cuspiam fogo como os dragões antigos. Na verdade, a fábrica era, virtualmente, o único lugar adequado para abrigá-las.

Ali, entre aquelas novas paredes — que eram de propriedade sua, não dos operários —, o capitalista podia muito mais facilmente disciplinar os corpos[16],

(15) WOOD, E. M. *A origem do capitalismo.* Rio de Janeiro: Zahar, 1999. *passim.*

(16) Veja-se, a propósito, especialmente a obra de Foucault.

condicionar as mentes e racionalizar a produção. Todo aquele que entrava, deixava com o porteiro pedaços de liberdade[17]...

Já agora, o pai, a mãe e os filhos não mais teciam no interior da choupana, protegidos dos olhares curiosos. Como se o véu se erguesse, viam-se despidos, revelando os seus gestos, palavras e barulhos. Não podiam esconder os seus pequenos segredos, nem preservar os mistérios do ofício. O trabalho se tornara público — não só porque todos produziam para todos, mas porque a fábrica o tornara bem mais visível.

Além disso, os ritmos se aceleravam. Já não havia tempo de deixar de tecer os panos e olhar pela janela o cachorro que latia; nem de descansar a enxada na sombra, espichar-se depois do almoço ou folgar na segunda-feira. Agora, era preciso disfarçar ou abafar os cansaços e preguiças. Já não era o sol ou a chuva a ditar os ritmos e as cadências: entre tantas outras máquinas, a fábrica inventara o relógio.

Nos primeiros tempos, muitas vezes, o capitalista procurava os campos distantes, em busca da força motriz dos rios. Com frequência, ele também morava ali, ou nas vizinhanças, mantendo com seus operários alguns traços — paternalistas — do passado. Era o novo senhor daquele novo castelo[18].

Além disso, como era ainda difícil contratar, selecionar e dirigir o pessoal, ele recorria a um intermediário — o *gato* de hoje — que chefiava seu grupo, como um capataz. Nas minas, galerias inteiras eram exploradas assim. Era uma forma — também rude — de terceirização interna.

Muitos desses trabalhadores eram crianças — muitas delas órfãs, ou filhas de pais miseráveis — ou dos próprios *gatos*. E havia também mendigos, mães solteiras e pequenos infratores. Muitos vinham de conventos, prisões ou orfanatos, que funcionavam quase como embriões de empresa, antecipando as formas refinadas de hoje[19].

Para eles, não havia escolha: ou a fábrica ou um lugar pior — como as "casas de trabalho", onde o ambiente era ainda mais desumano. E a pedagogia

(17) Para lembrar uma colocação de Vasco de Andrade.

(18) Em geral, o capitalista trabalhava muito. Ao alvorecer já estava no escritório, quase sempre muito simples, e pelas 8 da manhã a mulher ou a filha lhe levava o *breakfast*. Mas a sua casa ostentava mais luxo do que as mansões da nobreza. No início, era desprezado, por não ser um *gentleman*. Com o passar do tempo, impôs sua presença nas altas rodas e já podia passear de carruagem, à noite, no Hyde Park (CHASTENET, J. *La vita quotidiana in Inghilterra ai tempi della Regina Vittoria*. Milão: Fabri, 1998. *passim*).

(19) Já na Grécia Antiga havia empresas que alugavam escravos, especialmente no setor de mineração.

funcionou. Até a pena de prisão — antes, quase sempre, simples passagem para a tortura ou a morte — foi se tornando mais comum. Era preciso criar — de todos os modos — um *exército de reserva*[20].

Mas, também, esse modelo foi sendo superado, mesmo sem se extinguir de vez. Pouco a pouco, o capitalista passou a escolher ele mesmo a sua gente. Desse modo podia controlar melhor os riscos, sem depender de terceiros, e ao mesmo tempo uniformizar o processo e radicalizar a disciplina. Com isso aumentava não só ritmos e qualidades como a extração de sua *mais-valia*. Às vezes, descia à oficina em carne e osso, "desancando os homens com a sua bengala"[21].

A fábrica se tornava mais organizada e autossuficiente. Com as novas máquinas e fontes de energia, libertava-se também das quedas d'água, transportando-se para os grandes centros urbanos — que, por sua vez, produziam as novas favelas, amontoando as pessoas entre a fumaça e o lixo.

Mas se o disciplinamento ficou mais incisivo e direto, tornou-se também mais difuso.

Todas as instituições da sociedade — da escola à Igreja, da família ao clube, do bar à imprensa — passaram a produzir a ideologia capitalista, com a mesma sincronia da fábrica[22]. Pouco a pouco, difundia-se não só a ética da máquina a vapor — ou seja, do lucro —, como a ética do consumo e a do trabalho *a todo vapor*.

Mas como tudo tem o seu oposto, a fábrica ensinou aos homens como resistir a ela, ainda que dentro dela. Sofrendo as mesmas dores, e sonhando os mesmos sonhos, cada trabalhador se via no outro, como num espelho. E assim, pouco a pouco, os mesmos indivíduos que antes se juntavam na aldeia, e que cidade havia atomizado, reuniam-se de novo, mas de outros modos, por outras razões e com novos propósitos. Como notou Tocqueville, os laços profissionais se revelariam ainda mais fortes que os da família.

Nasciam as greves, as sabotagens, as boicotagens, o *luddismo* — e daí o sindicato. O sistema gerava assim a sua primeira (e talvez maior) contradição: de um lado, via-se obrigado a reunir e uniformizar os trabalhadores, para que eles produzissem de forma vigiada, metódica e previsível; de outro, não tinha como evitar a *união* que a *reunião* provocava. A fábrica produzia o seu próprio demônio.

---

(20) A expressão é de Marx.

(21) HUBERMAN, Leo. *História da riqueza do homem*. Rio de Janeiro: Guanabara, 1986. p. 34.

(22) Sobre o tema, leia-se, por todos, Michel Foucault (em especial, os livros *Microfísica do poder* e *Vigiar e punir*).

Capítulo 5

A Contradição Vigiada

Ao lado de outros fatores, foi sobretudo aquela contradição que tornou possível um Direito *do Trabalho*, primeiro e único construído — direta ou indiretamente — pela ação dos oprimidos — e com o importante papel de distribuir um pouco melhor as riquezas[23]. Assim, mais do que um subproduto do capitalismo, o Direito do Trabalho resulta de um seu *modo de ser*, representado pela fábrica concentrada.

E é importante notar como essa contradição da fábrica se refletiu no mesmo Direito, de tal modo que ele surgiu também assim — contraditório — servindo aos oprimidos sem deixar de servir aos opressores — e trazendo em suas entranhas não só "o aprendizado dos dominadores" como "os germes da resistência dos dominados"[24].

Na verdade, aquele paradoxo esteve presente até mesmo num dos primeiros nomes que os juristas antigos deram àquele Direito que nascia: seria ele um "Direito Operário", o que o tornava quase um *direito ao avesso*, se observarmos a tradição jurídica. E ele parecia mesmo "Operário", não só por se aplicar quase apenas aos operários, nem apenas por ter sido construído, em grande parte, pelas mãos operárias, mas por se mostrar como um deles — simples, de pés no chão, rente à vida, tão rebelde aos ritos e formas e também nesse ponto tão diferente do Direito Comum.

---

(23) Esse papel essencial do Direito do Trabalho é sempre lembrado por Mauricio Godinho Delgado, em suas belas obras.
(24) GENRO, Tarso. *Direito individual do trabalho*. São Paulo: LTr, 1994. p. 15.

O mesmo paradoxo serviu para mostrar, ao longo do tempo, como as fontes daquele *Direito Operário* tanto ajudavam a criá-lo, no plano das formas, como a lhe dar existência real; pois o grupo não apenas construía, direta ou indiretamente, as normas de proteção, como as fortalecia, adicionando à sanção do Estado a sua própria sanção — representada sobretudo pela greve[25].

É que, como sabemos, o Direito do Trabalho não se realiza tão facilmente como o Direito Civil. Enquanto o passageiro de um táxi nem sequer cogita em não pagar a corrida, o empresário tende a aplicar a lei *como*, *quando*, *onde* e *quanto* quer, e assim mesmo *se quiser* — governando-a tal como governa a própria força-trabalho[26].

Por isso, além de todo um aparato de repressão — fiscais, juízes, procuradores — a norma exige — até hoje — que as mesmas forças que a fizeram brotar *continuem a existir*. É preciso que o ambiente de pressão crie sempre — ou reforce sempre — as normas de proteção.

Até em países como o Brasil essa pressão existiu[27]; e, ainda que menos forte, foi levada em conta, pois o que se queria — entre outras coisas — era evitar que o sindicato nascente ameaçasse a estrutura de poder. E mesmo esse atrelamento não impediu experiências libertárias — como as que criaram as centrais. Além do mais, as normas que trouxemos da Europa chegaram banhadas de sangue. Assim, de um modo ou de outro, o sindicato esteve sempre presente — não importa *quando* ou *aonde*.

Não fosse a contradição gerada pela própria fábrica, dificilmente aquelas normas teriam nascido e crescido, mesmo servindo ao sistema. Aliás, o sistema não precisaria delas — ou tanto delas — como de fato precisou. Mas a construção do Direito do Trabalho não se deu de uma só vez, nem apenas formalmente. Ao longo dos tempos, a resistência operária continuou a produzi-lo, e sempre numa só direção — como a mariposa atraída pela luz. Não à toa, um grande jurista do passado o chamou de "progressista, inconcluso"[28].

Para o capitalista dos velhos tempos, aquela contradição talvez parecesse invencível. Afinal, era preciso *reunir para produzir*, e o ato de *reunir* os corpos tinha como efeito *unir* corações e mentes. E esse dilema persistiu ao longo

(25) É claro que isso aconteceu sobretudo nos países de sindicalismo também forte.

(26) Esse *uso seletivo da lei* foi originalmente abordado — com a inteligência de sempre — por José Eduardo Faria.

(27) Cf. a propósito BIAVASCHI, Magda. *Direito do trabalho no Brasil:* 1930-1942. São Paulo: LTr, 2007.

(28) Trata-se de Mário de La Cueva.

do tempo, chegando à II Revolução Industrial — entre greves, bombas, tiros, pancadas e mortes.

Na verdade, a história da resistência operária é também a história da resistência do capital; e não foi sem razão que esses dois atores, em suas lutas, muitas vezes se apropriaram de elementos do adversário, numa espécie de mimetização sem fim[(29)]. Em seu célebre filme *Tempos Modernos*, o grande Chaplin nos dá um bom exemplo dessas práticas, na figura do operário que usa uma lata de óleo — ou seja, um elemento da fábrica — para se defender dos que o perseguiam.

Embora em tom de sátira, o mesmo filme nos revela como o trabalho se dividiu até o limite do possível — de tal modo que os últimos resíduos do saber operário foram deslizando, quase todos, da oficina para a gerência. Com isso, várias formas de resistência — fundadas naquele saber — se inviabilizaram. Entre elas estava, por exemplo, a de trabalhar lentamente, a pretexto de que seria esse o único modo (ou o modo correto) de fazê-lo.

O disciplinamento se tornava mais forte, e no entanto menos físico, menos visível. Além de *operária,* transformando a matéria-prima, a máquina se tornava cada vez mais *gerente,* moldando o operário. Já não lhe impunha apenas cheiros e barulhos, mas a sua própria cadência. E com isso a disciplina também se fazia mais natural e legitimada: era como se cada gesto do operário correspondesse, *necessariamente*, ao movimento da linha de montagem, um completando o outro, numa relação de causa e efeito que independia até das vontades humanas.

Se a nova fábrica dificultava a resistência individual, facilitava a coletiva, pois o capital — já agora, monopolista — reunia multidões cada vez maiores. E como o trabalho era uniforme — tanto quanto os próprios uniformes que os homens vestiam — todos se sentiam mais unidos nos sofrimentos e nos sonhos. À medida que o tempo passava, as próprias conquistas — em forma de normas — teciam uma espécie de teia entre eles.

E outros fatores agiam na mesma direção. Em muitas indústrias, as fábricas se verticalizaram, dominando, de alto a baixo, todas as etapas do ciclo produtivo. À semelhança dos antigos camponeses, que plantavam o que comiam e teciam as próprias roupas, empresários como Ford produziam tudo — dos pneus à última porca de seus carros. Era um modo de controlar melhor os riscos.

---

(29) Amnéris Maroni trata muito bem desse tema, ao descrever, num ótimo livro, conflitos coletivos do fim da década de 1980 (*A estratégia da* recus: análise das greves de maio de 1978. São Paulo: Brasiliense, 1980).

Ao mesmo tempo, em alguns setores, as empresas se uniam em grandes grupos. Ainda aqui, o objetivo era diminuir os riscos — já agora, evitando a concorrência — prenunciando uma tendência de nossos dias[30].

Além de vertical e concentrada, a fábrica funcionava rigidamente, segundo metas traçadas de cima para baixo, sem espaço para grandes mudanças. As próprias máquinas eram pouco maleáveis. Do mesmo modo, os produtos:

> *"Nossos clientes podem escolher o carro da cor que desejarem, desde que seja preto"* — teria dito Ford, ironicamente.

É verdade que — ao lado do próprio automóvel — novos produtos surgiam, como o rádio, a televisão, o *nylon*, os eletrodomésticos, as calças *jeans*, as viagens de avião. Mas todos eles, depois de inventados, tendiam a certa estabilidade. Não mudavam de linha a toda hora, até porque não havia tecnologia para isso, e de mais a mais a estratégia era ganhar com a produção em grande escala. Produtos, máquinas, fábricas e até relações jurídicas estáveis garantiam uma produção homogênea, em grandes lotes, o que por sua vez permitia uma economia de escala.

Tudo isso, como dizíamos, conspirava a favor daquela contradição. De fato, nada como uma fábrica grande, vertical, homogênea, previsível — e sindicatos e empregos também assim — para potencializar não só a reunião física dos trabalhadores, como a união dos trabalhadores reunidos. Curiosamente, o próprio Direito do Trabalho foi adquirindo essas qualidades: também ele se fez uniforme, complexivo e até estável (pois se era "inconcluso", também era "progressista", ou seja, com uma meta inalterável).

Desse modo, a mesma fábrica que explorava os homens lhes permitia — agora, mais do que nunca — reduzir a exploração. Se de um lado dividia o trabalho, ao mesmo tempo somava os trabalhadores. Talvez até a alienação da linha de montagem servisse à luta coletiva, na medida em que o empregado podia reencontrar no sindicato a identidade, o orgulho e a satisfação que o seu coração lhe pedia, mas o trabalho lhe negava.

Ainda assim, no entanto, a contradição esteve sempre sob controle. À medida que o tempo corria, o sistema inventava novos modos de contorná-la, fosse influindo — ideologicamente — nos corações e mentes, fosse cooptando o sindicato, ou cedendo os anéis para não perder os dedos. Na verdade, a própria economia entrou em sintonia com o Direito do Trabalho, admitindo — embora sob pressão — as conquistas operárias.

(30) ROBORTELLA, L. C. A. *O moderno direito do trabalho*. São Paulo: LTr, 1998. p. 242.

A lógica passou a ser a de transformar cada trabalhador em empregado, e cada empregado em consumidor — realimentando o ciclo. Com isso, o sistema se humanizou um pouco, e na mesma medida o sindicato passou a ser cada vez menos revolucionário e mais reformista. Era o chamado *pacto fordista.*

Na verdade, esse pacto continha (ou convivia com) vários outros elementos que impediam uma explosão. Só para citar alguns exemplos, havia a força do *marketing*, induzindo ao consumismo; a pressão do modelo soviético, oferecendo-se como alternativa; o número crescente de trabalhadores de *colarinho branco,* cuja identidade oscilava entre o chão de fábrica e a sala do patrão; e acima de tudo a crença (já um tanto abalada, mas ainda existente) num futuro cada vez melhor.

No entanto, como sabemos, mesmo esse modelo, que sugeria um "círculo virtuoso" — expressão cunhada por um velho líder sindical — começou a dar sinais de esgotamento já no fim dos anos 1960, quando dois fenômenos (dentre vários outros) se articularam nos países avançados, potencializando a crise.

Um deles foi uma onda de rebeliões da nova classe trabalhadora, que — questionando o pacto — exigia uma cota maior sobre a riqueza construída pelo capital durante as décadas anteriores, e ao mesmo tempo punha em xeque o monopólio do poder diretivo do empregador, exigindo formas variadas de co-gestão. Em outras palavras, ameaçava duas peças-chave do sistema: o salário e o trabalho (subordinado).

Essa onda se articulou, curiosamente, com outros movimentos rebeldes — de estudantes, feministas, homossexuais e até de *Brigadas Vermelhas* — passando a sensação de um mundo que exigia mudanças e por isso se tornara perigoso[(31)].

Outro fenômeno foi a queda nas taxas de lucros, provocada pela defasagem entre a produção e o consumo. Tal como já ocorrera por volta dos anos 1930, mas em dose talvez maior, essa queda levou os investimentos para o mercado de papéis, provocando recessão e desemprego[(32)].

A crise se acentuou em 1972/1973 e depois em 1978/1979, quando as altas do petróleo se refletiram nos preços dos outros produtos, retraindo ainda mais o consumo. E foi potencializada pela queda do modelo soviético, que até certo ponto vinha tendo sucesso — pelo menos no sentido de pressionar o capitalismo em direção a um Estado menos liberal e mais interventor — ou protetor.

(31) Nesse sentido, José L. Fiori, em conferências.

(32) A propósito, observa Beluzo que a fórmula marxiana de D-M-D (o dinheiro se transformando em mercadoria, e esta gerando mais dinheiro) evolui para um D dobrado sobre si mesmo, numa espécie de "reprodução hermafrodita".

Bem cedo o sistema identificou um dos pontos nevrálgicos do problema — que era exatamente o movimento operário. Coincidência ou não, a resistência aumentara no preciso momento em que as empresas queriam reduzir a massa salarial, para retomar a taxa crescente de lucros. O mal teria de ser atacado pela raiz[(33)].

A primeira reação veio com Margareth Thatcher, que — vencendo uma longa greve dos mineiros — humilhou e desarticulou aquela que sempre tinha sido uma das categorias profissionais mais fortes em seu país. Seguiram-se leis antigreves e outras formas de repressão ao movimento sindical.

Pouco depois, foi a vez de Ronald Reagan, que também inaugurou a onda antissindical, dobrando uma categoria de ponta — a dos operadores de voo. Enquanto isso, em todo o mundo capitalista, a mídia veiculava a ideia de que o antigo modelo do Estado do Bem-Estar se tornara *ingovernável*.

No Brasil, a crise e a contraofensiva se tornariam visíveis uma década depois, quando o movimento sindical — unindo-se à sociedade na luta contra a ditadura — também se tornara forte, reivindicando basicamente as mesmas coisas. Tal como na Europa, a resposta começou a partir de uma greve — a dos petroleiros. Também eles foram humilhados e vencidos.

(33) Nesse sentido, José L. Fiori, em conferências. Aproveitamos outras colocações do Autor nos dois parágrafos seguintes.

Capítulo 6

A Contradição Resolvida

E o que aconteceu no plano menor, o da empresa?

No plano da empresa, a contraofensiva liberal também se iniciou nos países desenvolvidos.

Num primeiro momento, o impulso foi para automatizar radicalmente. Depois, a fórmula se mostrou cara e — mais do que isso — desnecessária. O desemprego e a fragilização dos sindicatos haviam pressionado os salários para baixo, e o *exército de reserva* se tornara maior e mais dócil[(34)].

Assim, a fábrica passou a mesclar a automação com os novos métodos de gestão de mão de obra. Basicamente, eram variações do *toyotismo,* o mesmo *toyotismo* que os norte-americanos haviam inventado e exportado para o Japão, em plena era fordista, e que o Japão aperfeiçoara, para agora exportar.

Ao mesmo tempo — e valendo-se também da experiência japonesa — a fábrica passou a se organizar de outro modo. De rígida, tornou-se flexível, tal como os produtos que agora fazia, o trabalhador que agora exigia e o novo Direito que queria construir.

O mais importante de tudo isso, porém, é que hoje — graças, sobretudo, à nova tecnologia — a terceirização volta, revigorada, em suas duas versões. Se

---

(34) A propósito, cf. DEDECCA, C. S. *Racionalização econômica e trabalho no capitalismo avançado.* Campinas: Unicamp, 1999. *passim.*

nos primeiros tempos parecia difícil produzir de forma difusa ou por intermédio de *gatos*, nos novos tempos tem sido diferente.

Hoje podemos comprar um carro antigo com motor novo, ou uma roupa nova com detalhes antigos. Do mesmo modo, a terceirização resgata o passado — quando as famílias camponesas fiavam ou teciam em suas casas — mas com o cuidado de trocar alguns de seus elementos.

Perguntará, talvez, o Leitor: mas será a terceirização algo *tão importante* assim?

Sim, pois ela promete superar — *por dentro e para sempre* — a mesma contradição que a fábrica criara. Ela volta para romper com o modelo da fábrica concentrada, concentradora e por isso *problemática* — especialmente numa época em que já não se quer mais (nem se precisa tanto, em termos estratégicos) distribuir renda.

Assim, depois de expropriar os trabalhadores dos seus modos de produzir, o capital os expropria de suas únicas formas de se defender. Aliada a outros fatores — mas à frente deles, como um capitão na batalha — a terceirização permite ao sistema *reunir sem produzir*, e até mesmo *reunir sem unir*.

Quando *externa*, ela fragmenta cada empresa em múltiplas "parceiras", espalhando também os trabalhadores — mas dessa vez sem os riscos de antes, pois as novas tecnologias viabilizam o controle a distância. É assim que a empresa consegue *produzir sem reunir*.

Quando *interna*, divide *em cada empresa* os trabalhadores, opondo terceirizados a não terceirizados, na medida em que uns e outros ora se invejam, ora se temem ou se desprezam, dependendo da posição que eventualmente ocupam — degradando o próprio grupo, enquanto classe. Afinal, o empregado efetivo de hoje pode se tornar o terceirizado de amanhã, e assim ambos disputam — ao menos em potência — o bem valioso e escasso que é o emprego mais seguro e valorizado socialmente. É desse modo que a empresa consegue *reunir sem unir*.

Assim, as duas formas se completam; são como as duas faces de uma moeda — e *moeda*, aqui, não é simples metáfora... Além de "dividir para reinar", como diria Machiavel, o sistema externaliza em grau nunca visto para a classe operária *a própria lógica da concorrência*.

Em linhas gerais, se tomarmos como parâmetro os *anos gloriosos*[35] do capitalismo, talvez possamos dizer que o sistema adota uma estratégia invertida. Se

(35) A expressão é de Hobsbawm.

antes admitia incluir (ainda que de forma desigual), agora quer excluir — empregados, direitos, políticas sociais, etapas do processo produtivo. Como um vulcão que vomita lava, a nova fábrica lança para fora tudo o que não diz respeito ao foco de suas atividades, chegando até — no limite — a jogar-se inteira, ou quase inteira, descartando sua própria natureza de fábrica.

Mas esse movimento de exclusão — que se acentua pelo mundo — traz embutido um movimento contrário, de reinclusão, pelo qual a fábrica (ou a ex-fábrica) de certo modo retoma algumas das antigas atividades, trabalhadores e máquinas.

Em certos casos (terceirização interna), ela traz de volta uma parte dos (ou mesmo todos os) trabalhadores expulsos — ainda que em termos apenas numéricos — valendo-se de outra empresa, que os comercializa. Quando não chegam com outros rostos, eles trazem com um uniforme mais simples, um salário mais pobre e uma aderência menor. E ela também os reencontra de forma diferente, sem o *status* e os ônus de empregadora. É como uma espécie de mágica.

Em outros casos (terceirização externa), a fábrica passa a gerir tudo — homens, máquinas, matéria-prima, produtos — por intermédio de outras empresas, que podem se organizar em rede. É mais ou menos o que fazia às vésperas do capitalismo industrial(36), quando ainda era *difusa.* A grande empresa funciona como "motor do ciclo"(37).

Como veremos melhor adiante, há situações a meio caminho, e são elas, em geral, as que mais trazem problemas no campo jurídico. Assim, por exemplo, pode acontecer que uma empresa induza a criação de outra, ou mesmo fantasie essa criação, apenas para reduzir os custos de mão de obra e/ou fugir de responsabilidades.

Seja interna ou externa, a terceirização fomenta a criação de pequenas empresas, que ocupam os vazios abandonados pelas grandes. Mas isso não significa que o número de postos de trabalho tenha aumentado ou mesmo se mantido. Ao contrário: terceirizando-se, a grande empresa tende a utilizar o número exato de trabalhadores de que precisa a cada momento, reduzindo a quase zero o seu *estoque* de mão de obra — tal como faz com as próprias peças e os produtos.

---

(36) Na verdade, o sistema se estendeu por mais algum tempo, já então convivendo com a fábrica propriamente dita.

(37) BELUSSI, F. Il capitalismo delle reti. Stabilità e instabilità dei corporate network nel settore della subfornitura del tessile — abbigliamento veneto. In: BOLOGNA, S.; FUMAGALLI, A. (orgs.). *Il lavoro autonomo di seconda generazione* — scenari del postfordismo in Italia. Milão: Interzone, 1997. p. 206.

Capítulo 7

A Terceirização como Parte de um Processo

Quando falamos em terceirização, nem sempre percebemos sua real complexidade. Ao contrário do que às vezes parece, não se trata de um fenômeno isolado, muito menos de simples questão jurídica. Há todo um conjunto de tendências que pressionam em sua direção. Daí por que o discurso é mesmo forte.

Hoje, tanto quanto os objetos que ela produz, a empresa quer ser volatil, inconstante, versátil. Quer se apresentar magra, ágil, leve, livre — reproduzindo, talvez, o estereótipo contemporâneo do corpo feminino. Isso lhe permite reduzir não só os custos, mas os riscos, reagindo mais facilmente às variações do mercado.

No novo modelo de produção, a forma animal que melhor a representa já não é a do elefante, nem exatamente a do camundongo — mas a do camaleão, animal pequeno, ágil e ao mesmo tempo imprevisível e mutante.

E a terceirização corresponde a essa imagem. Afinal, o que ela promete é exatamente a máscara, a ambiguidade, a liberdade de movimentos. Aliás, nós mesmos tendemos a ser assim — ágeis, móveis, pragmáticos, flexíveis, em rede.

Mas a terceirização também entra em sintonia com uma paisagem cada vez mais fugaz, veloz, picotada. Os noticiários da TV nos dão um bom exemplo: o mundo chega à nossa casa em recortes, uma sequência de cenas sem ligação. Ao mesmo tempo, vários fatores — como a globalização, o pragmatismo, a relativização de tudo — têm multiplicado as misturas, colagens, composições, a ponto de se falar numa verdadeira estética do híbrido[38]. As redes que nos cercam são um bom exemplo. E a terceirização se insere nesse contexto, pois ela também recorta, picota, além de ser — *em si mesma* — um hibridismo...

Alguns autores, tratando das recentes transformações sociais[39], observam a tendência de se trocar a propriedade pela posse. Se viajamos para um lugar distante, às vezes preferimos alugar um carro. Nas *lan-houses*, há gente que paga pelo uso de computadores. Nossa filha ou namorada aluga o vestido de noiva. Em várias cidades do mundo, pedalamos bicicletas públicas. Do mesmo modo, em grau crescente, as empresas utilizam coisas alheias — dentre as quais se incluem os trabalhadores coisificados, com todo o seu potencial (paradoxalmente) humano.

Talvez esse último fenômeno possa ser explicado pelo velho Marx. Quem possui alguma coisa — diz ele — é igualmente possuído. Ora, quando a empresa terceiriza, de certo modo deixa de ser *dona*. Já não têm as máquinas, as instalações, os contratos de trabalho. Livra-se do peso do domínio.

No caso da terceirização interna, a própria descontinuidade (usual, embora nem sempre presente) dos contratos de trabalho pode encontrar suporte na ideia de que hoje tudo é fugaz e rápido. Nesse sentido, ele, terceirizado, é visto como o modelo (ou talvez o protótipo) do trabalhador do futuro. Em sentido maior, seria a metáfora viva do homem pós-moderno, e isso faz sua condição ser mais aceita, mais naturalizada.

De todo modo, não podemos ver a própria terceirização como algo *natural*, e muito menos positivo, *sinal de progresso*. Trata-se apenas de uma amostra — importante — de como o capitalismo se nutre de alguns de nossos sentimentos, ideias e emoções, e ao mesmo tempo os potencializa, de acordo com a sua conveniência.

Até as críticas que o sistema recebe tendem a ser recicladas e neutralizadas em seu grande organismo. É o que se vê, por exemplo, quando a empresa reduz suas hierarquias, promove a concorrência entre as equipes ou chama os empregados de "colaboradores", acompanhando as nossas aspirações de maior igualdade ou nossa tendência (inspirada, em boa parte, por ele) de mais competitividade. Como ensinam Boltanski e Chiapello, é assim, travestindo-se de novo, que o capitalismo se (re)legitima, confunde e neutraliza os seus adversários e chega a ponto de conquistar a adesão inconsciente do próprio trabalhador[40].

(38) É este, por exemplo, o título de uma interessante obra sobre o cinema na pós-modernidade, de autoria de Barbara Maio e Christian Uva (Bulzoni, Roma, 2003).

(39) Como FERRARESE, Maria Rosaria. *Le istituzioni della globalizzazione:* diritto e diritti nella società transnazionale. Bologna: Il Mulino, 2000. *passim.*

(40) BOLTANSKI, L.; CHIAPELLO, E. *O novo espírito do capitalismo.* São Paulo: Martins Fontes, 1999. *passim.*

Até mesmo as exigências de liberdade — que hoje parecem ainda mais fortes e disseminadas entre todos nós — ajudam a legitimar tudo o que a *livre-iniciativa* inventa — não só fortalecendo os acordos de vontade, em detrimento da lei, como abrindo espaços para novas práticas empresariais, do *just in time* ao trabalho escravo, da robotização às terceirizações (ou tudo isso de uma vez).

Diga-se o mesmo da moral — cada vez mais fluida — dos nossos dias. Tal como acontece com os produtos, com as empresas, com as modas, com os costumes e (em certa medida), com os próprios trabalhadores, as fronteiras se diluem no campo das ideias, relativizando como nunca as diferenças entre o *certo* e o *errado*, o *bom* e o *mau*. Em nova e violenta arrancada, "o sólido" — como dizia Marx — "desmancha-se no ar"...

Ao que parece, nossa tendência, cada vez mais, parece ser a de questionar tudo — o que, no limite, sugere *um direito de fazer tudo*. Os mais variados discursos se misturam e se relativizam — para o bem ou para o mal. E com as práticas não é diferente. Igrejas vendem salvações, partidos de esquerda discursam à direita (e vice-versa), tanto os críticos quanto os apoiadores do aborto apelam para os direitos humanos e até *associações de pedófilos* — inimagináveis há vinte ou trinta anos — procuram razões a seu favor(41). No cinema, a nova Cinderela é tão forte quanto o Príncipe, o *mocinho* pode ser tão cínico ou cruel quanto o bandido, Peter Pan tem desvios de caráter(42) e até os super-heróis reaparecem mais humanos, intercalando *efeitos especiais* com crises existenciais(43).

Naturalmente, também o trabalhador sofre o impacto das transformações econômicas, políticas, sociais e culturais. Mais individualista e pragmático, vivendo um presente quase sem futuro(44), e sentindo-se menos seguro, ele simplesmente agarra o que lhe aparece pela frente. Muito mais do que antes, *conforma-se* — acompanha as *formas* da empresa e do produto que fabrica — e nesse sentido também se *deforma*.

E tudo isso afeta nossa relação subjetiva com o Direito. Em muitos de nós, alteram-se a percepção que temos da norma, o valor e a importância que lhe atribuíamos, a lógica de sua interpretação, o peso e o sentido de seus princípios.

Assim, enquanto nos preocupamos com a flexibilização do Direito, é também o sujeito que se flexibiliza. O próprio trabalhador se faz cúmplice do processo, embora não se possa culpá-lo por isso.

(41) Como já noticiou algumas vezes a grande imprensa, referindo a países do norte da Europa.

(42) Como no seriado *Once upon a time*.

(43) Como em *Batman begins*.

(44) Fala-se em "hipertrofia do presente" (NASSIF, Elaine N. *Conciliação judicial e indisponibilidade de direitos:* paradoxos da "justiça menor" no processo civil e trabalhista. São Paulo: LTr, 2000. *passim*).

Na verdade, os ventos neoliberais frequentam todos os lugares, do parlamento ao fórum, da empresa ao bar, da escola aos congressos, dos filmes às novelas, das ruas aos nossos lares, não só dificultando a luta pelo Direito, ou para o Direito, mas ajudando a disseminar a *corrosão do caráter*[45].

Nesse ponto, não custa notar como — em certa medida — Direito e sujeito se integram e se confundem. Com frequência, um aponta para o outro, um expressa e revela o outro. Sob esse aspecto, o Direito do Trabalho não é apenas um conjunto de normas e institutos, mas *o próprio trabalhador*.

Foi assim que, num passado ainda recente, as regras de proteção — rígidas, homogêneas e fortes — pareciam réplicas dos operários — brasileiros ou não — que as construíam. Operários firmes, decididos, uniformes, marchando firme nas greves.

Hoje, embora muitos conservem ainda essa chama, há outros tantos cada vez mais frágeis, diferenciados, efêmeros, *moles*, replicando o modo de ser das novas normas jurídicas. Mesmo quando saem às ruas, buscam apenas respostas aos seus problemas e emoções pessoais, queimando bandeiras e *seguindo o fluxo*.

Nesse contexto um tanto esquizofrênico[46], não é de se admirar que o Direito do Trabalho se veja à beira do avesso, passando a questionar — mais do que esta ou aquela norma — sua vocação, suas premissas. Aliás, o simples fato de conter um projeto coletivo já o põe em conflito com um mundo que tende a fazer do corpo o projeto maior de cada um. No limite, ele próprio se questiona.

---

(45) Para usar a frase-título do livro de Sennet.

(46) Alguns estudiosos chegam a comparar o caráter "paranoico" da modernidade com o "esquizofrênico" dos tempos pós-modernos.

CAPÍTULO 8

DA FÁBRICA GRANDE À EMPRESA EM REDE

Se nos abstrairmos das manufaturas reais, a "fábrica" mais comum, às vésperas da I Revolução Industrial, era aquela *disseminada,* cujos operários trabalhavam em casa, espalhados nos campos. Como dizíamos, essa "fábrica" primitiva não permitia um controle eficaz sobre eles, e por isso — tão logo pôde —, concentrou-se, reunindo-os em volta do motor. Tornou-se, digamos assim, a *fábrica propriamente dita.*

A partir daí, e em proporção crescente, essa nova fábrica prosseguiu no mesmo caminho, acabando por incluir dentro de si — já na II Revolução Industrial — todas ou quase todas as etapas do ciclo produtivo, desde a extração da matéria-prima até a venda do produto final[(47)].

Hoje, já é possível uma espécie de síntese. A fábrica consegue produzir de forma dispersa e ao mesmo tempo sincronizada. Ela se dissolve — repartindo-se — e desse modo *se resolve*, pois vai dificultando os encontros, tanto físicos quanto subjetivos.

Antes, a empresa minimizava os riscos tentando prevê-los, absorvê-los e racionalizá-los. Organizava-se de tal modo que quase não dependia de ninguém.

(47) Note-se que esse modelo (dito "fordista") não nasceu com as primeiras fábricas de automóveis, mas algumas décadas depois. O próprio Ford, no início do século XX, ainda desenhava e projetava as peças de seus carros e as fazia confeccionar em várias oficinas.

Hoje, enfrenta o problema dos riscos com a flexibilidade em todos os níveis. Inclusive no nível do trabalho, o que significa, paradoxalmente, endurecer ainda mais o poder patronal. E a terceirização é a forma que ela buscou para recuperar a segurança que o fordismo lhe garantia.

Esse modo de ser da fábrica é viabilizado sobretudo pela informática, pela microeletrônica e pelas novas técnicas de gestão de pessoal, que — somadas — permitem de forma mais eficaz não só *provocar* como *identificar e responder* de forma rápida às mutações do consumo. A compressão do tempo passa a ser mais importante que a concentração no espaço.

Em termos formais, visíveis, a fábrica se horizontaliza. Organiza-se em rede, e — tal como um pescador — lança-se na direção de suas múltiplas, cambiantes e fugazes presas. Em termos substanciais, porém, continua a ser vertical — embora de forma diferente e em graus variáveis.

Mesmo a distância, o controle não se reduz. Ao contrário. Como a ideia é inovar em alta velocidade, a intercomunicação tem de ser intensa e onipresente. A mesma sincronia que ela buscava internamente deve existir entre as empresas da rede.

Assim, a *mãe* cobra das *filhas*, de modo *inflexível,* comportamentos *flexíveis*. Cada qual deve reagir prontamente a cada nova exigência. Deve ser capaz também de perceber as necessidades de cada momento e propor soluções. Fala-se em "reatividade".

De certo modo, é como se a subordinação — antes restrita às relações empresa-empregado — se deslocasse também para a relação empresa-empresa. Em certa medida, até os trabalhadores da contratada seguem as diretrizes da contratante.

Algumas vezes, a "parceira" é apenas uma microempresa ou mesmo um trabalhador individual. É o que alguns chamam de "trabalho autônomo de segunda geração"(48). Tal como em geral acontece nas relações de emprego, os contratos entre as empresas e esses autônomos — reais ou falsos — são de adesão.

Quanto mais complexo é o processo produtivo, mais aumenta essa relação de domínio. A tecnologia de ponta e as últimas invenções se concentram nas mãos do grande capital. Mas não se trata só de uma questão de *know-how.* No setor têxtil italiano, por exemplo, as contratantes fixam os preços por minuto;

(48) A respeito, cf. BOLOGNA, S.; FUMAGALLI, A. *Op. cit., passim.*

e o tempo necessário para cada peça é fixado de acordo com tabelas: 7 para costurar um par de *jeans*, 12 para um par de blusões...[49].

Às vezes, a relação de dependência entre as empresas chega a ser sufocante:

> *Na criação de aves, por exemplo, a agroindústria estabelece os padrões de construção do aviário, fornece os pintinhos, as vacinas, a ração, a assistência técnica necessária e garante a recompra dos lotes de frangos prontos para o abate numa faixa de preços por ela estabelecidos (descontando, obviamente, os gastos que ela teve ao fornecer todos os insumos que acabamos de mencionar).*[50]

Ao produtor rural cabe arcar com os custos de construção e manutenção dos aviários, com a compra dos equipamentos adicionais que se fazem necessários para proteger a saúde dos pintinhos, com a depreciação do patrimônio ou sua obsolescência, e com um trabalho intenso, de domingo a domingo, que envolverá inclusive toda a sua família[51].

Como já notamos, a grande empresa *expulsa* e no mesmo instante *retoma* as rédeas do processo produtivo. É como o movimento do coração: sístole e diástole. Ou como se ela estivesse respirando. As várias etapas do ciclo já não estão dentro de seu espaço, mas se integram aos seus tempos.

Naturalmente, nem sempre essa interação é fácil — e então a empresa mistura o controle *fordista* do espaço com o controle *pós-fordista* do tempo, como na fábrica da Fiat em Melfi, Itália, que reúne num mesmo e imenso parque os seus principais fornecedores. Nessa hipótese, a terceirização externa quase se confunde com a interna: operários da empresa-mãe podem cruzar a qualquer momento com seus vizinhos terceirizados. No ABC paulista, também há exemplos assim.

Mas se há *mães* e há *filhas,* é porque as malhas da rede são desiguais: apertam-se na medida em que ela se estende. Com frequência, as bordas são habitadas por minúsculas empresas, que desse modo saem do subsolo do sistema capitalista[52] para integrar sua dinâmica.

Algumas dessas empresas vivem na informalidade. Às vezes se dedicam a falsificar artigos *de marca,* como calças Gucci, bolsas Louis Vitton, tênis Nike e

(49) BELUSSI, F. *Op. cit.,* p. 212.
(50) GENNARI, Emilio. *Op. cit.,* p. 46.
(51) *Idem.*
(52) É que uma grande parte da economia opera fora do sistema, ou seja, sem extrair mais-valia (a propósito, cf. ARRIGHI, G. *Il lungo XX secolo.* Milão: Il Saggiatore, 1996, valendo-se de lições de Baudrel).

relógios Hugo Boss. É a versão empresarial da moda dos *clones,* que deslisa da Medicina às Artes — como se vê nos *covers* de artistas famosos, como os Beatles[53].

Embora, a rigor, tenha sido apenas reinventado, o *outsourcing* é hoje quase uma compulsão. Não só fábricas como escritórios e até lojas repartem atividades que eram suas. Também o fazem os órgãos públicos e os próprios sindicatos[54]. No Japão, cerca de 70% dos componentes dos automóveis vêm de fornecedores. Na Europa e nos Estados Unidos não é muito diferente.

No entanto, a *empresa enxuta* não se limita a jogar para fora trabalhadores e máquinas. Ela expulsa a própria concorrência — seja simplesmente transferindo-a para as suas parceiras, seja controlando-a por meio de fusões ou oligopólios. Enquanto a *mãe* se une em casamentos ou concubinatos, as *filhas* disputam a tapas o seu amor...

Com frequência, tanto a empresa principal como as suas "parceiras" se utilizam de salários variáveis, centrados na produção. Com isso, uma vez mais, externalizam e aprofundam a concorrência — já agora para os trabalhadores. Eles passam a lutar entre si pelos prêmios, ou cobram assiduidade e eficiência dos companheiros de equipe.

E para o sindicato é difícil se ajustar à situação. Na verdade, como vimos, ele surgiu não tanto como resposta ao *sistema,* mas a um *modo de ser* desse mesmo sistema, representado pela fábrica concentrada. Na medida em que a fábrica — que é o seu contraponto — se dissemina, perdendo a nitidez, ele perde não só a sua base, mas a referência.

Como também já notamos, essa forma de terceirização pode passar despercebida. Só a notamos quando a empresa se enxuga, ou seja, *diminui*, descartando o que fabricava. Não nos lembramos da hipótese — bem mais frequente — da empresa que *sempre* fabricou só uma parte do produto.

8.1. A empresa em rede e a globalização

Sempre que podem, as empresas saem em busca de países mais baratos para as suas *parcerias.* Há alguns anos, por exemplo, a *Nike* observava que podia

(53) Algumas falsificações, de qualidade mais altas, são vendidas até pela Internet — como a dos relógios Rolex, oferecidos por R$ 800,00.

(54) A propósito, informa Gabriela Neves Delgado que o Governo FHC terceirizou 29.930 postos de trabalho, o que representou o repasse de R$ 1,5 bilhão para organismos internacionais e nacionais (*Terceirização*: paradoxo do direito do trabalho contemporâneo. Dissertação de mestrado em Direito do Trabalho. Belo Horizonte: PUC-Minas, 2002. p. 116).

fabricar por US$ 16, na Coreia, o mesmo tênis que nos EUA lhe custava perto de US$ 100. Enquanto isso, a *Alitália* saía em busca de pilotos australianos, a *Sears* se deslocava para Bangladesh, a *Daimler-Benz* passava a montar ônibus em Xangai e várias fábricas francesas ameaçavam mudar-se para a Escócia, caso a legislação *continuasse rígida*[(55)].

Isso também pode explicar, pelo menos em parte, a crise de efetividade das normas da OIT.

Antes, como se sabe, o comércio já era globalizado, mas a indústria nem tanto. A preocupação básica dos países de ponta era reduzir a principal *vantagem comparativa* dos outros, que pagavam salários menores e podiam, com isso, oferecer produtos mais baratos.

Por isso, a OIT tinha duplo papel. De um lado, estendia aos trabalhadores dos países menos avançados os patamares básicos de proteção; de outro, protegia as indústrias dos países centrais contra o *dumping social*, que afetava (em desfavor deles) a concorrência.

É claro que, mesmo antes, a grande empresa já podia espalhar fábricas em vários países do mundo. Mas não na intensidade, dimensão e quantidade de hoje, pois os países tentavam se proteger, e, de todo modo, as técnicas de controle a distância eram mais custosas e menos eficazes.

Além disso, naquele tempo, era inviável — não só por razões técnicas, mas econômicas — desdobrar a fabricação do produto, de modo a deixar para a Suíça uma parte do relógio, distribuindo outras partes pela Itália, China, Índia ou Japão.

Como sabemos, essa realidade mudou. Desde há décadas, a indústria se globaliza. Uma empresa pode manter apenas a sua cabeça pensante em Nova Iorque e distribuir suas fábricas pelo mundo. E pode fabricar o mesmo produto *por partes,* numa espécie de linha de montagem *internações* — como faz a GM, que usa 120 mil trabalhadores, em 17 países, para produzir o seu modelo S[(56)]. É o que se tem chamado de "fábrica mundial"[(57)].

Ora, para esse tipo de empresa, não é conveniente regular a concorrência internacional, pelo simples e bom motivo de que ela mesma pratica o *dumping.*

(55) ANDRADE, Everaldo Gaspar L. Crises dos modelos capitalistas e do mercado laboral. *Revista LTr* 58-7, São Paulo: LTr, p. 787, 1998.

(56) ANTUNES, Ricardo. *Adeus ao trabalho?* — ensaio sobre as metamorfoses e a centralidade do mundo do trabalho. São Paulo: Cortez, 1995. p. 131.

(57) Na Itália, na última década, cerca de 60% do fluxo da subcontratação migrou para a Europa do Leste, o norte da África e o Extremo Oriente.

Hoje, ao contrário de antes, consegue usar *em seu benefício* as vantagens comparativas dos países pobres. Por isso, a OIT já não lhe serve tanto: em geral, é antes um empecilho. E é claro que, com isso, as normas da OIT perdem força.

8.2. Um pouco da experiência italiana

Até o fim dos anos 1960, no norte da Itália, o que se via era ainda um processo de crescimento das grandes empresas. Cerca de dez anos depois, essas empresas começaram a se descentralizar, mas sem que alterassem o seu modo — *taylorista* — de produção.

Por volta dos anos 1980, surge um novo fenômeno. Pequenas empresas se especializam e se modernizam, unindo-se em redes horizontais. Flexíveis, descobrem ou inventam novos nichos do mercado, respondendo e induzindo flutuações da demanda. Com isso, conseguem concorrer com as grandes, às vezes em posição de vantagem(58).

Essa novidade é então celebrada como exemplo de superação do capital monopolista e solução para o desemprego, já então crescente. Batizada de "Terceira Itália", a região passa a interessar a sociólogos e a economistas(59). A pequena empresa parece ganhar um novo papel — não mais complementar, mas alternativo.

Mas essa realidade mudou. Mesmo ali, com o tempo, a grande empresa se refez, com novas máquinas e métodos de gestão de pessoal. Também ela se tornou flexível, com a vantagem de que podia fazer economia de escala. E atraiu as empresas menores para a sua órbita.

Em torno dos anos 1985/1986, a relação entre umas e outras, de um modo geral, já era hierárquica. Hoje, muitas empresas pequenas funcionam como "verdadeiros departamentos das grandes"(60). E o poder que estas possuem lhes permite:

> *"penalizar duramente as condições de rentabilidade das empresas colocadas nos vários níveis da subcontratação."*(61)

(58) Em 1980, a terça parte dos trabalhadores na indústria mecânica de Bolonha produzia em pequenas empresas artesanais, de uma a quinze pessoas.
(59) Os pioneiros foram os sociólogos franceses Sabel e Piore, que no início viam a experiência italiana quase como uma revolução e mais tarde relativizaram suas conclusões.
(60) BELUSSI, F. *Op. cit.*, p. 208.
(61) BELUSSI, F. *Op. cit.*, p. 217.

Embora ainda haja redes horizontais, as empresas subcontratadas tendem a crescer em número e a decrescer em importância[62]. Há alguns anos, na região do Veneto, mais de 30% das fábricas de tecidos trabalham para uma única contratante. É o que alguns chamam de "constelação de empresas".

8.3. *Um pouco da experiência japonesa*

No Japão, a terceirização existe há décadas. As empresas formam redes, que recebem o nome de "keiretsu". Essa estratégia de organização se combina com a de contínua adaptação ("kaizen").

Na verdade, há vários níveis de terceirização, segundo o grau de liberdade que a contratante dá à contratada; mas a relação é sempre de rígida hierarquia.

Se a empresa terceirizada se mostra ágil, criativa, dinâmica, os contratos se eternizam. Com frequência, ela recebe até um *extra,* pago espontaneamente, quando apresenta alguma inovação.

Se, ao contrário, a empresa se atrasa na encomenda ou se mostra pouco flexível, é "penalizada" quando da renovação do contrato, recebendo um número menor de peças para produzir. Persistindo na falha, o contrato não é mais renovado.

Os sindicatos dos trabalhadores terceirizados são organizados por empresa ou estabelecimento. A tônica é a "colaboração". Os interesses do sindicato e da empresa se aproximam tanto que às vezes se confundem. Assim é, por exemplo, que o trabalhador que se torna dirigente na empresa deve antes — de preferência — ser dirigente do sindicato.

8.4. *Autônomos ricos e pobres*

Nos *anos gloriosos,* o sindicato começou a se firmar não só como um modo de conter os avanços do capitalismo mas como uma forma (por isso mesmo) de preservá-lo. Mas ele também treinou os trabalhadores na luta, transformou-os em sujeitos de direito e politizou sua fala. Além disso, disseminou por toda a

---

(62) FUMAGALLI, A. Aspetti dell'accumulazione flessibile in Italia. In: BOLOGNA, S.; FUMAGALLI, A. BOLOGNA, S.; FUMAGALLI, A. (orgs.). *Il lavoro autonomo di seconda generazione* — scenari del post fordismo in Italia. Milão: Interzone, 1997. p. 142.

sociedade boa parte de suas conquistas. O chamado "constitucionalismo social" foi sobretudo uma obra sua.

Ora, quem diz "sindicato", pensa logo em "empregado".

Assim, a transformação do homem livre em trabalhador subordinado passou a ser vista não tanto pelo que implicava de negativo — a transformação da força de trabalho em mercadoria — como pelo que trazia de positivo — o fortalecimento da ação sindical[(63)]. Quanto mais empregados houvesse, melhor seria[(64)].

Mesmo para os que sonhavam ainda com uma revolução proletária, era o trabalho subordinado e não o independente que importava. Afinal, seriam os empregados e não os autônomos que fariam a tão sonhada revolução, embora uma de suas metas fosse a independência e não a subordinação.

Esse modo de pensar e de sentir, que envolvia não só os que combatiam o capital, como os próprios capitalistas, começou a sofrer uma certa inflexão nos anos 1970. Para muitos, o trabalho autônomo, antes visto quase como um obstáculo à ação sindical, aparecia agora como uma alternativa de mudança dentro do próprio sistema.

Nos novos tempos, porém, é mais difícil sonhar com isso. O capitalismo aprendeu a usar o trabalho autônomo com tanta eficiência quanto se serve do subordinado. Na verdade, ele o transforma numa mistura de autonomia e dependência, relativizando o seu próprio conceito; ou então se utiliza dele como fantasia.

Hoje, mais do que antes, uma pequena empresa pode estar tanto às margens como no próprio coração do sistema.

Exemplos do primeiro caso são a oficina do chaveiro, o boteco da esquina, o salão do barbeiro, a *venda* onde as pessoas da roça contam casos e tomam cachaça. Esses pequenos negócios se integram apenas superficialmente à economia capitalista; a rigor, independem dela, e por isso podem sobreviver a ela, se ela algum dia se for.

Já o segundo caso pode abranger tanto profissionais altamente qualificados quanto proprietários de pequenas oficinas, às vezes clandestinas. Eles produzem

---

(63) Observa com razão Marcus Barberino Mendes que existe até "uma certa regressão do desejo emancipatório, pois quem não tem um contrato de trabalho para executar sonha em tê-lo. Antes, queríamos nos emancipar do trabalho, agora queremos ser explorados" (*Terceirização:* o que é, o que não é e o que pode ser". São Paulo: Estúdio, 2014. p. 30).

(64) A observação é de BIHR, Alain. *Da grande noite à alternativa*. São Paulo: Boitempo, 1991. *passim*.

para a grande empresa, e por isso, de um modo ou de outro, são governados por ela. Dependem do sistema, que por sua vez depende deles.

Naturalmente, é grande a diferença entre o *expert* em alguma coisa e o pequeno artesão.

O primeiro tem sido chamado, às vezes, de "autônomo rico". É um fenômeno dos novos tempos. Em certos casos, trabalha sozinho, em casa, ligado à empresa por um terminal de computador. Ganha bem, não enfrenta o trânsito, tem mais *status* que o trabalhador comum. Outras vezes, cria ele próprio uma empresa, de alta tecnologia, capaz até — conforme o caso — de competir com a grande, como chegou a acontecer na "Terceira Itália".

Já o segundo, o "autônomo pobre", também pode criar sua pequena oficina, mas dependente da grande. Muitas vezes não passará de um micronegócio domiciliar, com pessoas de sua família[(65)], imigrantes clandestinos ou desempregados de todo tipo. Sobre os seus ombros, a grande empresa joga boa parte de seus antigos custos — como despesas com energia, transporte, telefone, etc.

Note-se que há outros fatores, além do desemprego ou da comodidade, que impulsionam o trabalho autônomo. Na Alemanha dos anos 1970, por exemplo, houve um forte componente ideológico, representado por um ecologismo radical[(66)]. A pequena empresa aparecia então como uma espécie de alternativa ao industrialismo. De um modo geral, porém, essa nova autonomia, real ou falsa, surge da falta de opção.

Naturalmente, os problemas do trabalho autônomo variam segundo o ramo do negócio e a forma de sua organização.

Nas oficinas familiares, a questão de gênero, por exemplo, pode ter um peso importante. A mistura de espaços — o doméstico e o produtivo — permite às mulheres mesclar suas atividades, cuidando ao mesmo tempo dos filhos, das encomendas e da casa[(67)].

Já no caso dos clandestinos, sua situação irregular garante lucros extras aos que os exploram — pois assim lhes pagam menos do que pagariam aos regulares. A discriminação é usada *racionalmente*, como estratégia de bom negócio.

---

(65) É o que acontece, por exemplo, em Santa Catarina, onde muitas famílias ganham a vida montando componentes de computador.

(66) BOLOGNA, S. Per un'antropologia del lavoratore autônomo. In: BOLOGNA, S.; FUMAGALLI, A. (orgs.). *Il lavoro autonomo di seconda generazione* — scenari del post fordismo in Italia. Milão: Interzone, 1997. p. 113.

(67) PAIVA, Alice R.; SORJ, Bila. Subcontratação e trabalho a domicílio — a influência do gênero. In: MARTINS, H.; RAMALHO, J. (orgs.). *Terceirização*. São Paulo: Hucitec/CEDI/NETS, 1994. p. 67.

De vez em quando, trabalhadores autônomos se organizam em cooperativas ou associações informais. Em determinadas circunstâncias, têm êxito. Um exemplo mineiro é o dos catadores da ASMARI, que em certa época se desvencilharam do *atravessador*, ao vender o lixo das madrugadas de Belo Horizonte[(68)].

Quase sempre, entretanto, nem mesmo associações como essas resolvem todo o problema. Volta e meia, o atravessador renasce, ou elas acabam se vinculando a uma ou duas empresas maiores, que lhes compram a produção inteira e assim controlam os seus destinos.

Estejam ou não associados, os "autônomos pobres" de hoje enfrentam condições difíceis. A concorrência crescente os leva à autoexploração. São comuns os que trabalham por mais de doze horas diárias, estendendo-as ainda mais nos fins de semana. Poucos se dão ao luxo de férias.

E a autoexploração tende a ser maior nas pequenas cooperativas, exatamente em função do espírito de solidariedade, de responsabilidade e até de emulação que anima os seus sócios. Por isso, elas representam "a tipologia ideal do trabalhador no paradigma da acumulação flexível"[(69)].

Assim, trabalho autônomo não significa necessariamente trabalho livre. A lógica do capital contamina e perverte o que poderia ser uma alternativa para ele. E como os disfarces e as fraudes se multiplicam, é preciso verificar — antes de mais nada — se quem se diz autônomo pode ser assim considerado, em termos jurídicos.

Como sabemos, a pedra de toque é a subordinação. E ela se mostra, com frequência, pelo recebimento de ordens. Acontece que as próprias ordens decorrem de algo mais importante: a integração da atividade do trabalhador na atividade da empresa[(70)]. E é isso o que realmente importa, mesmo porque as ordens nem sempre aparecem claras, explícitas. Em outras palavras, a análise deve ser objetiva — ou *estrutural*, na lição de Mauricio Godinho Delgado[(71)].

Exatamente por isso, até mesmo o teletrabalhador — que apenas *virtualmente* se comunica com a empresa, e às vezes até trabalha para mais de uma — pode ser subordinado. É como se a empresa tivesse implantado nele uma espécie de *chip*.

---

(68) A Associação contou com o apoio de várias entidades, dentre as quais o programa Polos de Cidadania, que reúne alunos e professores voluntários de diversas áreas na Faculdade de Direito da UFMG.

(69) FUMAGALLI, A. *Op. cit.*, p. 148.

(70) VILHENA, Paulo Emílio Ribeiro de. *Relação de emprego*. São Paulo: Saraiva, 1975. *passim*.

(71) *Curso de direito do trabalho*, cit., *passim*.

Um dado que deve pesar, na análise desses casos, é a condição econômica do trabalhador. Não só porque o Direito do Trabalho nasceu para proteger o hipossuficiente, mas porque a autonomia supõe capacidade *real* de auto-organização.

Na Itália, essas hipóteses a meio caminho são às vezes resolvidas de outra forma. Criou-se a categoria do "parassubordinado", com direitos reduzidos. Na verdade, porém, sempre nos pareceu que esse aparente aumento da tutela pressupunha uma redução no conceito de subordinação — hipótese confirmada em outros estudos[72].

(72) A propósito, cf. PORTO, Lorena Vasconcelos. *Op. cit., passim.*

Capítulo 9

Os Sentidos da Terceirização Externa

Segundo seus teóricos, a empresa em rede tem várias vantagens sobre a fábrica vertical. Ela permite que a empresa-mãe se concentre no *foco* de suas atividades[(73)], enquanto as suas *parceiras* se especializam. E essa possibilidade aumenta em proporção inversa ao seu tamanho: quanto menores, mais ágeis e criativas. Um dos resultados é a melhoria na qualidade dos produtos.

Ainda de acordo com os seus apologistas, a externalização propaga aperfeiçoamentos por toda a rede. Haveria, portanto, uma *modernização em cadeia* do setor produtivo. E como tudo isso faz reduzir os custos, os preços do produto cairiam, em benefício do consumidor.

Por fim, a rede de pequenas empresas que gravita em torno da grande é sempre retrátil e reversível. Pode se desfazer e se refazer a qualquer momento. Isso lhe permitiria também atender com mais precisão às variações do mercado, com benefícios para todos.

Sob essa ótica, não haveria grande diferença entre os exemplos atuais de terceirização externa e o que vem fazendo — desde meados do século passado — indústrias de ponta como a de automóveis. A novidade estaria apenas na dis-

(73) Daí o uso da palavra "focalização" para expressar esse fenômeno.

seminação dessas práticas, aliada à possibilidade (hoje, bem maior) de ingerência de uma parceira nas outras.

No entanto, o que a indústria de automóveis aprendeu a fazer, desde meados do século passado, não parece ter tido o propósito — ou pelo menos o propósito *principal* — de fragmentar a classe trabalhadora ou precarizar as condições de salário e trabalho. Na verdade, como dizíamos, eram outras as políticas econômica e empresarial. O capitalismo saía de uma grave crise, o modelo soviético era uma ameaça — *sugerindo-se* como alternativa — e os direitos de segunda geração (ou dimensão) ganhavam força.

Como também vimos, a ideia era repartir renda, transformando (praticamente) todo homem em trabalhador, todo trabalhador em empregado e todo empregado em consumidor, e assim realimentando o ciclo. Em outras palavras, a contradição era vista e enfrentada de maneiras diferentes. Além disso, a produção em larga escala dependia tanto do braço humano que nem mesmo a segmentação do processo produtivo impedia a presença dos grandes contingentes operários, tanto nas montadoras como nas fábricas de autopeças.

A terceirização externa era, assim, não um modo de dividir e precarizar (ou dividir *para* precarizar), mas uma necessidade imposta pela complexidade crescente do produto e pelas exigências também maiores do consumo. Apenas já não era viável — por razões técnicas ou análogas — reunir *toda* a fabricação do automóvel num *único* lugar, do mesmo modo que nunca foi possível produzir todos os nossos bens de consumo numa única fábrica.

Hoje, porém, a política econômica é outra, a das empresas também. Os direitos de primeira geração[(74)] passam à frente dos de segunda[(75)], quando não os atropelam[(76)]. Assim, entra em cena, repita-se, a ideia de resolver *de uma vez por todas* a contradição original. E o mais eficaz instrumento (re)encontrado é a terceirização, viabilizada pela nova tecnologia.

Mesmo a curto prazo — ou em termos imediatos — a terceirização pode atender às exigências da grande empresa, agilizando sua produção, reduzindo desde logo os custos com a mão de obra e aumentando sua base de lucro.

---

(74) São os civis em geral, como os que garantem as liberdades.

(75) São os que procuram a igualdade possível no sistema capitalista, como os que compõem o Direito do Trabalho.

(76) Até certo ponto, na prática, a ênfase em direitos como os de não discriminação, preservação da intimidade e outros do gênero, que não implicam distribuição de renda, parece abrir uma espécie de crédito para que se reduza a importância dos chamados "direitos sociais". A propósito, cf. o nosso texto: Direito civil x direito do trabalho: caminhos que se cruzam. In: REIS, Daniela Muradas *et al.* (coord.). *Trabalho e justiça social:* um tributo a Mauricio Godinho Delgado. São Paulo: LTr, 2014.

Nesse caso, com frequência, uma parte da conta recai sobre o pequeno empresário. O grande capitalista descarta para ele máquinas obsoletas, por meio de contratos de *leasing,* bem como outros custos e responsabilidades — prolongando a vida de seu capital fixo e ganhando lucros adicionais[77]. Esse fenômeno tanto pode fazer surgir um "autônomo pobre" como envolver fantasias e falcatruas.

Mas também os empregados pagam a conta — embora nem sempre isso aconteça, como parece ser o caso dos operários em fábricas de autopeças no ABC paulista.

É que, para a grande empresa, não é fácil sonegar direitos abertamente. Se, por exemplo, não registra empregados ou reduz salários, além das multas pode causar escândalo, arranhando sua imagem. Já a pequena empresa, a par de ser menos visível, não tem as mesmas preocupações, até porque prefere viver nas sombras. Assim, a primeira usa a segunda para extrair *mais-valia.*

Em outras palavras, o que a grande não pode fazer, a pequena faz por ela: paga pouco, sonega direitos, usa máquinas velhas e perigosas, ignora normas de prevenção de acidentes. E tudo isso, naturalmente, barateia os contratos: gastando menos, a pequena pode cobrar da grande um preço menor pelas peças que fabrica.

Desse modo, por vias travessas, a grande empresa se faz cúmplice das precarizações da pequena. E esse aviltamento — que ela também induz — pode ser verdadeira condição para que a outra sobreviva, em sua luta de morte com outras candidatas a "parceiras".

Ao recrudescer, esse fenômeno trouxe de volta um passado que parecia, realmente, *ter-se passado* — pelo menos em grande escala e nos países centrais — como é o caso do trabalho escravo ou infantil; e pôs em contato, em relação de simbiose, empresas de ponta com fazendas ou oficinas clandestinas.

Sobre a relação entre precariedade e terceirização, vale a pena ler o livro[78] do magistrado e mestre Grijalbo Fernandes Coutinho, ex-presidente da Associação

---

(77) GENNARI, Emilio. *Automação, terceirização e programas de qualidade total:* os fatos e a lógica das mudanças nos processos de trabalho. São Paulo: CPV, 1997. p. 48.

(78) O título da obra é: COUTINHO, Grijalbo Fernandes. *Terceirização* — máquina de moer gente trabalhadora. São Paulo: LTr, 2015. Ainda sobre o tema, outra doutrinadora que merece ser lida é Gabriela Neves Delgado (vejam-se especialmente, de sua autoria: *Direito fundamental ao trabalho digno.* São Paulo: LTr, 2006 e *Terceirização:* paradoxo do direito do trabalho contemporâneo. São Paulo: LTr, 2003).

Nacional dos Magistrados da Justiça do Trabalho — ANAMATRA — e uma das maiores autoridades no assunto(79).

Conta ele, por exemplo, que:

> *"[...] na obra de ampliação do Aeroporto de Guarulhos, em setembro de 2013 [...] foram resgatados pelo Ministério do Trabalho e Emprego 111 homens laborando em condições análogas às de escravo — incluindo 6 índios — por intermédio de agente terceirizante. Segundo a construtora, a contratação do pessoal foi feita por intermediários, não tendo relação com o episódio."*(80)

Alguns interpretam essa mistura — do grande com o pequeno, do velho com o novo, do robô com o operário, do empregado de avental branco com o lavrador descalço ou o imigrante sem papéis — como uma transição entre dois modelos; estaríamos, assim, vivendo um presente ainda impreciso, a meio caminho entre o passado e o futuro. Mas também é possível concluir, inversamente, que o novo modelo é exatamente essa mistura, o que indicaria que *o futuro já chegou.*

Assim, a precarização pode ser — em muitos casos — a razão principal ou única que leva uma empresa a se organizar em rede. Já é possível — de forma muito melhor do que antes — o controle (recíproco ou vertical) entre as "parceiras", o que garante a unidade real do processo produtivo; e desse modo induz o aparecimento de formas pequenas, ocultas e disfarçadas de fabricação dos produtos.

É verdade que a razão pode não ser esta, ou *apenas* esta — já que a *razão antiga*, ligada à complexidade dos produtos, permanece e até se acentua. Ninguém pode negar que os bens de consumo em geral — e não apenas o automóvel — são cada vez mais sofisticados. Não se pode exigir que uma fábrica de bicicletas produza os selins e os pneus, e muito menos que um fabricante de computadores construa os seus *chips* ou mesmo os *softwares.*

Além disso, como dizíamos, os bens se diversificam e se inovam a cada instante, e num ritmo bem maior que no passado — já que a tecnologia também potencializou essa característica inerente ao capital. Desse modo, para vencer a

(79) O Autor traz outros dados impressionantes: "Dos casos flagrados de utilização de trabalho análogo ao de escravo — durante quatro anos (2010 a 2013) — 90% deles envolviam terceirização de mão de obra (intermediário irregular e "gato" no campo). Entre os resgatados pela fiscalização do trabalho, mais de 80% desse contingente eram de trabalhadores terceirizados" (*Op. cit.*, p. 156).
(80) O Autor cita Wrobleski, p. 158.

concorrência, a empresa se sente forçada a ser *constantemente* criativa, móvel e eficiente.

No entanto, como dizíamos, também os outros fatores podem estar presentes. No modelo neoliberal, a ideia é acumular sem limites — não importa como ou à custa de quem — revivendo-se os velhos tempos do capitalismo selvagem. Assim, muitas empresas *se aproveitam* dos motivos técnicos para atender ao objetivo (não confessado) de precarizar salários e condições de trabalho, além de dividir a classe operária (o que pode acontecer antes, durante ou depois).

Capítulo 10

Os Sentidos da Terceirização Interna

Na terceirização interna, como vimos, o terceiro se insere entre o trabalhador e a empresa que lhe aproveita a força-trabalho.

O que esse intermediário quer não é o mesmo que o empresário quer. Ele não utiliza a força-trabalho para produzir bens ou serviços. Não se serve dela como valor de uso, mas como valor de troca. Não a consome: subloca-a.

O que ele consome, na verdade, é *o próprio trabalhador*, na medida em que o emprega como veículo para ganhar na troca. Em outras palavras, o mercador de homens os utiliza tal como o fabricante usa os seus produtos e todos nós usamos o dinheiro.

Por isso, do seu ponto de vista, o que importa é antes a quantidade que a qualidade. Mas como, aos olhos de seu cliente, a qualidade também pesa, o mercador alardeia as virtudes de sua mercadoria — a mesma mercadoria que, ao comprar, ele deprecia, ofertando baixos salários. Tome-se como exemplo esse anúncio de jornal:

> *"Em nosso banco de dados, temos o pessoal que você ou sua empresa necessita: babá, doméstica, segurança, secretária, pessoal administrativo [...], psicólogo, advogado [...] Profissionais com experiência e referência [...] contratação terceirizada."*[81]

(81) *Jornal Estado de Minas,* Caderno Classificados, p. 14, 12.3.2003.

É verdade que o trabalhador pode aceitar ou não ser negociado. Em teoria, o mercador lida com homens livres. Mas como a liberdade é condicionada pela necessidade, talvez não haja tanta diferença entre ele e o traficante do Brasil-colônia, que em cima de um caixote, no cais do porto, exibia nos leilões os dentes e músculos do escravo — não sem antes lamber-lhe o corpo, para sentir sua saúde(82).

De todo modo, é bom notar que esse novo mercador de homens já não se limita a *oferecê-los*. Antes disso os *produz* (seleciona, treina, orienta), tal como faz um fabricante qualquer com os seus produtos.

Pela lei(83), o empregador não pode lhes cobrar pela intermediação — mas nada impede que lhes pague bem menos do que pagaria o tomador de serviços, caso este os contratasse(84). E o que é essa diferença, senão o preço (disfarçado) da intermediação?

Aliás, se não fosse assim, seria inviável terceirizar, pois não haveria de onde extrair o lucro. Não é preciso ser economista para concluir que é exatamente essa diferença que explica o processo.

Desse modo, esse *homem alugado* paga, sim, por seu próprio aluguel. Além disso, num tempo em que tudo se move — e em ritmo muito mais rápido do que antes —, a terceirização oferece à empresa uma rota de fuga, não só confundindo responsabilidades como tornando menos visível a exploração da mão de obra.

Assim como acontece no caso da terceirização externa, costuma-se dizer que esta outra permite que a empresa se concentre em seus fins principais, condição necessária para ser mais eficiente, melhorar seus produtos e, desse modo, beneficiar o próprio consumidor. Mas se este fosse o real problema, não faria sentido essa luta sem tréguas que o capital hoje trava para estendê-la às atividades-fim...

Por outro lado, na ótica de seus defensores, essa forma de terceirização faria surgir novas empresas, multiplicando os postos de trabalho. Mas o

---

(82) Há muitas gravuras antigas retratando essas cenas.

(83) A lei no caso é a do trabalho temporário, mas a regra pode ser estendida a todos os casos de terceirização interna.

(84) Ou seja: o mesmo trabalhador que ganharia, digamos, R$ 1.500,00 de uma fábrica de parafusos, é contratado para ganhar R$ 1.000,00 de uma "terceira" e em seguida é jogado na mesma fábrica de parafusos. Com isso, deixa de receber R$ 500,00, que são divididos (não necessariamente meio a meio) entre as duas empresas. Note-se que, pela nossa lei, no caso de trabalho temporário, o terceirizado tem direito ao mesmo salário dos empregados do tomador. Mas só alguns poucos juízes aplicam essa regra aos outros casos de terceirização. Voltaremos a esse tema mais tarde.

argumento também não convence: em última análise, os terceirizados de hoje são os empregados efetivos de ontem, apenas com outra roupa. Na verdade, o que se tem visto é antes o *aumento* da rotatividade e do desemprego[85].

Nesse modo de terceirizar, inexiste sequer a justificativa da complexidade dos produtos. A fábrica de parafusos que usa gente de fora em seus escritórios ou para suas faxinas poderia muito bem empregar o seu pessoal. E se ela precisa de peças que não quer ou não consegue fabricar, pode sempre comprá-las de outra.

Veja-se que a hipótese não se confunde com a empreitada ou situações similares, quando a empresa contratada tem boa organização, estrutura própria e capital suficiente. Nesse caso, ela se desloca com seus homens, ferramentas e (às vezes) todo o material necessário para montar uma máquina, construir uma casa ou prestar serviços de manutenção em elevadores. Em relação ao tomador, essa atividade lembra o trabalho eventual. Mas o que realmente importa é que os trabalhadores se ligam efetivamente — até mesmo em termos psicológicos — à sua empregadora. É como se ela se deslocasse junto com eles. Também por isso, não se subordinam à tomadora.

O que parece absurdo é a empresa adquirir não o produto feito ou a empreitada por fazer, mas os trabalhadores de outra, e para um trabalho constante, integrado em sua estrutura, que lhe caberia — até por definição — executar. E menos ainda quando se trata de sua atividade-fim, ou seja, a razão que explica sua própria inserção no mercado.

De fato, chega a ser um despropósito criar uma fábrica de celulares sem contratar os empregados que irão montar os celulares. E diga-se o mesmo, por exemplo, de uma escola. Não faz sentido alguém construir o prédio, inventar o nome, escolher o curso, criar o projeto, providenciar o registro, fazer propaganda, abrir inscrições, organizar a "grade", promover o vestibular e em seguida contratar uma empresa que irá — por sua conta e risco — recrutar professores no mercado, para depois *jogá-los* ali ou acolá.

Se a fábrica ou a escola, por um motivo ou por outro, descobre não estar capacitada para realizar seu fim — seja montar celulares ou divulgar o saber — então que feche as portas, desista do negócio, aplique o dinheiro na

(85) DELGADO, Gabriela Neves. *Terceirização:* paradoxo do direito do trabalho contemporâneo. São Paulo: LTr, 2003. p. 170-172. Citando Souto Maior, a Autora lembra que a terceirização também dificulta a integração do empregado na empresa (*op. cit.*, p. 173).

bolsa ou tente a sorte em outro ramo — seja plantando alfaces ou produzindo xícaras de chá.

Sequer a razão da eficiência pode servir de pretexto, já que o trabalhador terceirizado — por suas próprias circunstâncias — não tem o mesmo apego ao trabalho ou à empresa onde presta serviços. Assim, a terceirização interna revela mais claramente ainda o objetivo imediato de degradar as condições de salário e de trabalho, enquanto vai superando aquela grande contradição que o sistema criou.

Capítulo II

Os Efeitos mais Visíveis de Ambas as Terceirizações

O que há de mais visível nas duas formas de terceirizar é que em ambas a empresa externaliza custos e internaliza a lógica da precarização. Num momento em que cobra mais responsabilidades, tenta crescentemente se desresponsabilizar.

São inúmeras as estatísticas que mostram — com clareza — que as terceirizações tendem a degradar não só os salários, mas o ambiente de trabalho. Sobre isso não se pode sequer discutir. É preto no branco, olhar para ver.

Em seu belo trabalho de pesquisa[86], Grijalbo Coutinho nos mostra com dados impressionantes como os acidentes de trabalho, por exemplo, têm atingido muito mais os terceirizados que os trabalhadores comuns. Só na Copa do Mundo, dos 12 operários mortos na construção dos estádios, 11 eram terceirizados![87]

(86) Sob a orientação da Professora Daniela Muradas, da UFMG.

(87) O mesmo livro transcreve relato da operação que investigou o setor terceirizado da multinacional Zara, do grupo espanhol Inditex: numa de suas principais fornecedoras, "15 pessoas, incluindo uma adolescente de apenas 14 anos foram libertadas de escravidão contemporânea de duas oficinas — uma localizada no Centro da capital paulista e outra na Zona Norte". A investigação apurou a existência de "contratações completamente ilegais, trabalho infantil, condições degradantes, jornadas exaustivas de até 16 h diárias e cerceamento de liberdade (seja pela cobrança e desconto irregular de dívidas dos salários, o *truck system*, seja pela proibição de deixar o local de trabalho sem prévia autorização) [...] da Superintendência Regional do Trabalho e Emprego

A título de exemplo, o livro transcreve essa descrição do jornalista Jamil Chade, do *Estado de S. Paulo*, sobre Bangladesh:

> *"O país asiático transformou-se na última década no segundo maior fornecedor de produtos têxteis do mundo, com 3,5 mil empresas exportando, 4 milhões de trabalhadores e investimentos externos no valor de US$ 19 bilhões. Mas a chegada dos investimentos só ocorreu graças a um fator: 90% desses trabalhadores ganham apenas US$ 1,1 por dia, o que permite à indústria têxtil mundial a movimentar US$ 1 trilhão por ano e gerar lucros, mesmo em plena crise mundial. As multinacionais da moda não escolheram Bangladesh por acaso. O país tem o menor salário mínimo do planeta: US$ 38 por mês. Para o sindicato internacional Industrial, bastaria um aumento de US$ 0,02 no preço de cada camisa vendida no Ocidente para garantir que a renda dos trabalhadores em Bangladesh dobrasse. Com US$ 0,10 a mais, todas as 3,5 mil fábricas poderiam ser renovadas e estar dentro dos padrões europeus."*[(88)]

Em 1999, estudos do DIEESE, envolvendo 40 empresas terceirizadas do ABC, apontavam: em 72,5% dos casos, benefícios sociais inferiores; e em 67, 5%, níveis salariais mais baixos. As jornadas eram mais extensas e as condições de saúde e segurança mais precárias[(89)].

Há alguns anos, a Riocell despediu 2.500 empregados. Destes, 1.700 foram recontratados por outras empresas, para realizar o mesmo volume de trabalho daqueles 2.500, embora com salários e benefícios menores[(90)]. E a mesma coisa acontece em outros países. No Japão, por exemplo, os operários da Toyota trabalham cerca de 2.300 horas por ano, enquanto os terceirizados chegam a 2.800 horas[(91)].

Em algumas regiões de Minas Gerais, a terceirização (com trabalho precário) tem sido comum:

> *"[...] nas carvoarias que fornecem carvão para as siderúrgicas; nas plantações de cana que fornecem a cana para o processo de moagem nas usinas de açúcar e álcool; na construção civil, que terceiriza as*

de São Paulo". Diz ainda o autor que "as vítimas libertadas pela fiscalização foram aliciadas na Bolívia e no Peru, país de origem de apenas uma das costureiras encontradas" (p. 160-165).

(88) *Op. cit.*, p. 167.

(89) A observação é do economista Dari Alves Krein, em artigos e palestras.

(90) GENNARI, Emílio. *Op. cit.*, p. 52.

(91) ANTUNES, Ricardo. *Os sentidos...*, cit., p. 111.

fases de construção e acabamento das obras por meio de empreitadas fraudulentas; nas empresas que vendem roupas [...]."[92]

O trabalho precário tende a ser instável, ligando-se ao desemprego, e o desemprego é sempre uma tragédia. Ele tensiona até os laços familiares, isolando as pessoas. Há alguns anos, por exemplo, os suicídios entre os franceses de 25 a 49 anos caminhavam lado a lado com a perda do emprego; e os precários consumiam três vezes mais drogas que os formais[93].

Quando perde o emprego, o trabalhador perde também a autoestima. De um lado, porque (tendo ou não consciência disso) deixa de se sentir parte de um todo, homem útil à sociedade. De outro, porque o mesmo discurso que lhe exige ajustes e mobilidades, e o ameaça sempre com a porta da rua, também lhe cobra *performances* e *sucesso na vida*[94], atribuindo-lhe culpas e responsabilidades. Assim, o gesto do patrão que o despede tem o sabor de um "fracasso pessoal"[95].

Sob certo ponto de vista, a terceirização seria apenas uma das práticas que hoje tentam otimizar a produção, eliminando estoques, aumentando a qualidade e baixando custos. Aliás, nós mesmos sentimos os resultados no dia a dia, quando, por exemplo, pedimos certo livro e o vendedor nos diz que terá de "encomendar em São Paulo". No limite, como escreveu alguém, o operário irá fabricar o produto *que ele mesmo comprou*...

Quando a empresa procura ser mais eficiente, o processo parece ter um aspecto positivo, pois se de um lado nem sempre encontramos o que queremos comprar, pelo menos os produtos são mais baratos e variados. O problema é que muitas vezes o preço menor esconde uma exploração maior do trabalho.

É que, quando aplicado ao homem, o *just in time* conserva a mesma lógica de eliminar estoques, valendo-se — a cada instante — da quantidade exata de mercadoria de que precisa. Como essa mercadoria, no caso, é a energia humana, os efeitos podem ser até mesmo dramáticos — envolvendo não só a degradação do salário, o estresse e os acidentes, mas as práticas de assédios e discriminações de todo tipo.

---

(92) Informação prestada pelo chefe de fiscalização Thiago Moraes, já citado.

(93) BOLTANSKI, L.; CHIAPELLO, E. *O novo espírito do capitalismo*. São Paulo: Martins Fontes, 1999. p. 466.

(94) A cultura norte-americana, particularmente, parece ter exportado a divisão do mundo entre "vencedores" e "perdedores", palavras recorrentes tanto nos discursos dos políticos como nos filmes de Holywood.

(95) BOLTANSKI, L.; CHIAPELLO, E. *O novo espírito do capitalismo*. São Paulo: Martins Fontes, 1999. p. 466.

Vista, às vezes, como *vantagem comparativa* de um ordenamento sobre o outro, a terceirização é defendida como necessidade econômica, verdadeira condição para que o País cresça. Mas o argumento prova demais, pois nesse caso o melhor seria destruir *todos* os direitos do trabalhador... Outras vezes, a explicação é fatalista: apresenta-se a terceirização como uma espécie de *tsunami*.

Na verdade, como dizem os *experts* em Administração de Empresas, a busca da qualidade total — nela incluído o corte nos custos — é um processo que *não tem fim*. Cada redução provoca novas comparações e em seguida novas reduções, seja de uma empresa para outra, seja de um país para o outro.

Em termos imediatos, a terceirização serve como luva à onda neoliberal, que bate de frente com o sindicato e sua proposta de direitos crescentes. E se é verdade que o sindicato também serve ao sistema, potencializando o consumo, o capitalismo parece ser hoje capaz de se manter com um número bem menor de consumidores, graças ao aumento de riqueza dos que já eram ricos; e pode se dar ao luxo de ir *apertando* — na medida de sua conveniência — os limites e conteúdos do Direito do Trabalho.

Capítulo 12

Os Efeitos menos Visíveis de Ambas as Terceirizações

Se foi aquela contradição histórica, basicamente, que fez nascer o sindicato e — por extensão — o próprio Direito; e se foi ela que, ao longo do tempo, garantiu a vida do primeiro — que é também a vida do segundo —, não é difícil imaginar o que está sucedendo — e o que pode ainda suceder — na medida em que ela se resolve. Ao radicalizar a razão do capital, rompe com a razão do Direito do Trabalho, pelo menos no aspecto da proteção ao empregado.

Nesse ponto, não custa notar, mais uma vez, que o Direito do Trabalho sempre viveu sob tensão. Seja qual for o lugar, está sempre desafiado. E não lhe bastam as sanções legais. Para que exista, sobreviva e melhore, a ação coletiva deve estar sempre presente — ainda que em potência.

É sempre bom nos lembrarmos disso, pois às vezes defendemos o sindicato apenas em atenção a ele, sindicato, como faríamos com outra associação qualquer. Não nos lembramos de que sua importância vai além de seus próprios interesses(96).

Ao fragilizar o sindicato, a terceirização afeta de três modos o Direito do Trabalho. *Primeiro*, dificultando a criação de normas protetivas. *Segundo*, faci-

(96) Note-se que, no plano concreto, nem sempre os interesses do sindicato se reduzem aos da categoria.

litando a edição de normas precarizantes. *Terceiro*, tirando vida das normas já construídas — não só em termos de obediência, mas de interpretação.

Como notamos, o sindicato (ou a luta coletiva) é a mais importante fonte material do Direito do Trabalho, e as fontes materiais têm esse nome porque são elas que nos dão a *matéria*, o *conteúdo*, do Direito. Desse modo, quando as fontes se transformam, o Direito também se altera, no mínimo em termos de efetividade.

Ao fragmentar — seja por dentro ou por fora — a classe trabalhadora, a terceirização despotencializa os conflitos coletivos e dificulta agendas positivas nas negociações. A própria dissociação entre quem paga e quem dirige "tende a separar a reivindicação salarial [...] da contestação da organização do trabalho"[(97)]. E quem sofre os efeitos não são apenas os terceirizados, mas todos os trabalhadores, cujos salários passam a sofrer pressões para baixo. No caso da terceirização interna, até a empresa pode vir a ser afetada, pela falta de identificação dos terceirizados com ela.

Por tudo isso, a terceirização envolve não apenas um aspecto ou uma parte do Direito do Trabalho, mas *todo ele*, na medida em que — aumentando as diferenças e diminuindo as solidariedades — dificulta sua vocação histórica de avançar sempre.

Ela enfraquece, corrompe e — tendencialmente — até elimina o sindicato, pelo menos enquanto inventor e sancionador de um verdadeiro *Direito Social*[(98)]; e assim, por extensão, também enfraquece, corrompe e (no limite) pode até eliminar esse mesmo Direito, pelo menos enquanto meio de controlar a selvageria do sistema.

Em outras palavras, a terceirização não é apenas o que parece ser. Mais do que uma nova técnica de estruturar a empresa, ou de produzir de forma flexível, ou de enfrentar a concorrência, ou mesmo de reduzir os custos, ela esconde uma *estratégia de poder*. Como uma lança, fere o coração do Direito do Trabalho.

(97) BOLTANSKI, L.; CHIAPELLO, E. *Op. cit.*, p. 298.

(98) Como o chamava, entre nós, o grande Cesarino Júnior.

Capítulo 13

O Lado (mais Terrível Ainda) da Terceirização Interna

Quando se trata de terceirização, o exame *a olho nu* pode ser tão chocante — com as mortes, os acidentes, as doenças, as misérias — que perturba a análise de *fundo de olho*. O visível nos ofusca, deixando aspectos importantes nas sombras.

Assim, ao ouvirmos dizer que ela avilta salários e trabalhos, em geral pensamos numa relação direta, de causa e efeito. É como se o terceirizado fosse um escravo das velhas minas de cobre ou de ferro, já existentes desde a Grécia Antiga, e todo o seu sofrimento — o calor, as fadigas, os acidentes — fosse apenas consequência disso, ou seja, de um certo modo de trabalhar, em alguns ambientes e lugares.

Na verdade, porém, a terceirização é menos um problema em si do que um fenômeno que traz problemas. E há outro ponto — essencial — que às vezes passa despercebido: quando se trata da *dignidade do trabalhador*, no sentido mais profundo da expressão, as duas formas de terceirizar podem gerar efeitos distintos.

Considerada *em si mesma*, a terceirização externa — que pode levar a empresa a se enfeixar em rede — não é mais nem menos aviltante do que a existente em *outra* empresa, que *não* age assim, ou seja, não externaliza. Em princípio, para o operário, não faz diferença trabalhar para quem fabrica parafusos ou para quem se serve deles para montar geladeiras[(99)].

Vista a questão sob outro ângulo, não há diferença de fundo entre duas fábricas, cada qual especializada num certo tipo de relógio — de pulso ou de parede, por exemplo — e entre duas outras, cada qual produzindo uma parte do mesmo tipo de relógio — seja a pulseira, o mecanismo ou o vidro. Aliás, em certas atividades — como na indústria de eletrônicos —, chega a ser quase impensável a produção de todos os componentes por um único fabricante.

É verdade, como dizíamos, que a precariedade tende a aumentar à medida que se avança para as últimas malhas da rede. E isso não só porque as "parceiras" costumam ser cada vez mais frágeis, como porque são menos visíveis — a tal ponto que as situadas nas bordas mais distantes podem se esconder nos becos de uma favela ou num fundo de quintal.

Há casos que chegam a ser dramáticos, como o de imigrantes — a exemplo dos indianos, africanos e albaneses na Itália, ou de coreanos e bolivianos em São Paulo — que moram nos próprios locais de trabalho, dividindo centímetros e compartilhando promiscuidades. Outros ainda conseguem separar esses dois lugares, mas ainda assim trabalham em condições insalubres e inseguras.

Seja como for, repita-se, esse modo de organizar a empresa — se considerado *em si mesmo* — nada tem de degradante. Se a referência for uma empresa isolada, a situação pode até se inverter, como na "Terceira Itália".

Exatamente porque, nesse caso, a empresa compra o produto acabado, é bem mais justificável que externalize atividades — desde que a natureza desse mesmo produto o exija. O injustificável é o *modo* como às vezes age, aviltando salários ou condições de trabalho.

É verdade que a fragmentação da indústria, seja ela qual for, enfraquece o sindicato e (por extensão) o Direito. Mas esses efeitos de largo espectro não são piores que a produção de transgênicos, bombas, refrigerantes, cigarros, chicletes, filmes de violência, novelas que destroem nossos valores, noticiários que nos enganam, motores de todo tipo que poluem a atmosfera ou muitos dos sanduíches que consumimos todos os dias; na verdade (e como todas essas coisas), trata-se de algo inerente a um sistema que se alimenta do novo, não tem

(99) É verdade que às vezes o valor que a sociedade confere ao produto acaba se refletindo no valor que ela confere ao produtor, ou seja, ao trabalhador. Assim, por exemplo, o operário que trabalha numa fábrica de computadores tende a ser mais valorizado do que o mecânico de uma oficina de conserto de geladeiras, ainda que ambos possam ter baixa qualificação. Mas o fato de uma empresa externalizar parte de sua produção não conduz, necessariamente, a uma depreciação do trabalho executado pelos empregados de suas *parceiras*.

compromissos a não ser com a acumulação e a cada dia produz bens mais complexos. Aliás, também em outro sistema provavelmente haveria uma tendência à especialização crescente, mesmo que isso se desse em outro ritmo, obedecendo a outros critérios e sem causar os mesmos estragos.

Já no segundo caso (terceirização interna), exatamente porque uma empresa usa a outra para exercer o papel que deveria ser o seu (de empregadora), sua prática nada tem de justificável, e só se explica mesmo pela política de tentar se eximir de responsabilidades, explorando a mão de obra *por tabela.* Por mais que se tente mascarar, ambas as empresas negociam um *aluguel de homens,* o que as torna cúmplices num processo que a moral e o direito sempre repeliram.

Nessa hipótese, o empregador já não compra ou aluga simplesmente a força de trabalho, mas o homem por inteiro — ossos, cérebro, músculos — e em seguida o subloca a outra empresa, ganhando na diferença de preço. E assim o trabalhador se coisifica da maneira mais completa possível.

Por adquirir essa segunda natureza — de coisa —, ele pouco se identifica com o colega — o empregado da tomadora — mesmo estando ao seu lado. À maneira dos antigos escravos ou das vacas de uma fazenda, ele tem a sua marca, que é também o seu estigma.

Por igual razão, está livre para ser negociado como um cacho de bananas e largado sem cerimônia num ou noutro galpão, à espera de alguém que o recicle. E não apenas é *descascado* de sua condição humana, como está sujeito, por isso mesmo, a ser jogado no lixo ou na rua com muito mais naturalidade[(100)].

Esse homem-coisa pode se sentir diminuído aos seus próprios olhos, pois não é — sequer minimamente — dono de seu destino. E se é verdade que num caso ou noutro pode acabar se habituando a essa nova condição, é difícil saber o que seria mais trágico.

Em casos como esses, seu novo atributo de mercadoria se espalha de tal forma em seu corpo e em sua alma que ele já não percebe bem o que lhe aconteceu. Adquire então as qualidades de Joseph K., personagem de Kafka, diante de sua mesa de trabalho: tal como "o homem que estivesse condenado a se ver sempre num espelho côncavo, só se reconhece a si mesmo quando vê sua imagem deformada"[(101)].

(100) O descarte constante de pessoal só não acontece assim no setor público, de vez que, como sabemos, as empresas se sucedem e os trabalhadores permanecem.

(101) O trecho é lembrado por VAZQUEZ, Adolfo Sanches. *As ideias estéticas de Marx.* São Paulo: Expressão Popular, 2011. p. 139. Acrescenta o Autor, comentando ainda *O processo,* que "a existência de Joseph K. só se torna problemática quando é abalada por um fato singular, que o afeta não em

Dizem[102] que, na Itália, onde o emprego doméstico ainda é pouco comum, muitas famílias deixam seus cachorros na rua quando viajam nas férias de agosto; na volta, simplesmente compram ou recolhem outros, e assim vão vivendo, de férias em férias, de cachorro em cachorro.

Talvez com o terceirizado não seja muito diferente. E é possível que isso também ajude a explicar seus baixos salários e suas más condições de trabalho. Afinal, se ele é mercadoria, e todos o sentem assim, torna-se mais fácil tratá-lo também assim.

É verdade que também na terceirização externa o homem pode ser tratado como mercadoria, ou como bicho, e os tribunais estão cheios de exemplos. No entanto, uma coisa é tratá-lo assim, como se ele não tivesse direitos, e outra coisa é torná-lo *de fato* uma mercadoria, e *respaldada pelo Direito*, por mais que os efeitos materiais possam ser parecidos.

Assim é que, nas entrevistas de seleção, por exemplo, ao menos lhe informam aonde irá trabalhar, não costumam despejá-lo aqui ou ali, sem pré-aviso, e exploram a sua energia *em razão do que ela produz*. Não o alugam como faz um sitiante quando o vizinho lhe pede o trator; não ganham dinheiro negociando o seu corpo, como age o cafetão com as *mulheres da vida*[103]. Insista-se: o que se comercializa já não é a *força de trabalho*, mas o *homem que trabalha*, com todas as suas carnes. E isso faz muita diferença.

Nesse ponto, é importante notar como o capitalismo foi ocupando todos os espaços, penetrando em todos os poros, a ponto de estar presente, hoje, até mesmo nas igrejas — que nos oferecem milagres em troca de dízimos — ou em nossas inocentes pescarias, com seus pacotes incluindo barco, iscas, cerveja, cama, comida, piloteiro e peixe...

Na verdade, o próprio corpo — em suas várias dimensões — é hoje invadido pelo sistema com uma intensidade nunca vista. Há todo um mercado em expansão que a cada dia nos propõe um novo modo de pintar o rosto, de cortar os cabelos, de modelar os músculos[104]. E essa "economia do corpo"[105] não para

---

seu ser burocrático, abstrato, mas em seu ser concreto real, individual" (*ibidem*, p. 140). Transportando essa imagem para o terceirizado, pode-se pensar esse "fato individual" como o desemprego.

(102) Relato da amiga Lorena Vasconcelos Porto, brilhante Procuradora do Trabalho.

(103) A comparação nos foi sugerida por um inteligente ex-aluno, hoje professor — Eduardo Simões.

(104) Tanto quanto as plásticas e os plásticos, as tatuagens nos permitem refazer o nosso corpo, funcionando como "próteses do eu". Decorado de mil formas, ele torna visíveis as qualidades que temos ou gostaríamos de ter. Ao mesmo tempo — erotizado — "suscita o desejo" (VIGNAUX. *Op. cit.*, p. 345).

(105) Para citar uma expressão de Foucault.

de crescer, envolvendo "desde o creme de beleza à cirurgia, da *griffe* ao tráfico de órgãos, do equipamento esportivo ao *dopping*"[106].

Essas práticas se banalizam a tal ponto que às vezes nem as notamos. Ao contrário, o que nos surpreende é que a mulher bonita, envolvida num *affaire* político, não pose na semana seguinte na Playboy; ou que alguém se recuse a pagar a plástica, a vitamina, o *check-up*, a tintura, a roupa, o *piercing*, a ginástica, o espelho e tudo o mais que compõe aquela mesma "economia do corpo".

E a terceirização entra nesse contexto, integra essa tendência, obedece a essa lógica. E como — em maior ou menor medida — as práticas interagem entre si, é bem possível que a disseminação do trabalho terceirizado fortaleça ainda mais aqueles outros tráficos, tal como o inverso já pode estar acontecendo.

Afinal, se os corpos se compram e se vendem, ou se moldam e se refazem, por que não poderiam se alugar? Aliás, em certo sentido, o tráfico de trabalhadores se torna ainda *mais grave* do que o de drogas ou de mulheres, na medida em que o próprio Direito atesta e garante sua normalidade.

É assim que o sistema rompe, hoje, a última barreira, chega ao último reduto, atinge o seu clímax, o seu ponto absoluto, tornando-se — digamos assim — menos contraditório e mais coerente. Ele afirma (ou começa a afirmar) seu reinado total, levando *ao nosso próprio eu* sua lógica de transformar tudo em coisa, atribuindo um preço a tudo.

Essa terceirização inverte os parâmetros, fazendo do sujeito de direito um objeto com direitos. E, no entanto, do mesmo modo que *olhamos sem ver* as pessoas morando nas marquises, e talvez até *ouçamos sem escutar* as notícias dos mais variados tráficos de corpos, nem sempre percebemos toda a crueza dessa nova forma de exploração do trabalho humano.

E é desse modo, também, por essas razões que a terceirização forja novas subjetividades. Ela divide já não apenas o trabalho — como queriam Smith, Taylor e Ford —, mas a classe que trabalha, semeando o medo na fábrica e colhendo um novo espécime de trabalhador — mais dócil e solitário, e ao mesmo tempo sempre móvel e ansioso, modelo ideal para um ritmo de trabalho trepidante, mutante e absorvente, tal como as músicas, as modas e tudo o mais que nos cerca.

Assim, como dizíamos, ela se insere numa estratégia de largo espectro, e não apenas sob o prisma econômico, mas nas dimensões ética, filosófica e política. É uma das formas mais potentes — e ao mesmo tempo mais sutis — de semear

(106) QUEVAL, Isabelle. *Le corps aujourd'hui*. Paris: Gallimard, 2008. p. 407.

o caos no Direito do Trabalho, subvertendo os seus princípios e corroendo os seus alicerces[(107)].

E é também assim que o Direito do Trabalho vai perdendo o seu próprio paradoxo, que lhe permitiu ser útil ao trabalhador mesmo servindo ao sistema. Passa a servir apenas ao capital — ou pelo menos vai avançando bem mais nessa direção do que na outra. Coloca-se em xeque não só sua existência, mas sua essência, ou *a metade* dela.

Algumas pessoas — mesmo bem-intencionadas — distinguem a *boa* da *má* terceirização, na medida em que uma empresa cumpre ou não suas obrigações trabalhistas. Mas a distinção vê apenas a superfície — sem questionar o fundo. Na verdade, não se trata de saber se há ou não fraudes, mas de concluir que a terceirização é uma fraude. Falar em "terceirização fraudulenta" é redundante.

(107) Esse caráter estratégico fica ainda mais claro quando se percebe que, no mundo globalizado de hoje, a política dos que detêm o poder "é projetada basicamente para reduzir o preço do trabalho... algo semelhante a um processo de acumulação primitiva, um processo de reproletarização" (HARDT, Michael; NEGRI, Antonio. *Império*. Rio de Janeiro: Record, 2011. p. 47).

Capítulo 14

Os Movimentos do Direito

Pergunta-se: como o Direito se coloca diante dos novos tempos?

Segundo alguns autores[108], ele tende a aderir — bem mais do que antes — à realidade subjacente. Quando intervém, é mais reativo que ativo. Dá respostas pontuais, casuísticas, de superfície. Não obedece a um plano. Justifica-se, pura e simplesmente, por atender às contingências: já não é o projeto, mas a incerteza que o legitima[109]. É cada vez mais sensível aos interesses das grandes corporações, elas próprias — direta ou indiretamente — produtoras de normas que o desafiam[110].

Num mundo de fronteiras fluidas, o Direito relativiza ainda mais suas divisões, seus ramos. Desse modo, as normas *civilistas* que o Direito do Trabalho incorporou — como o combate aos assédios e discriminações — avançam, enquanto as regras intrinsecamente *trabalhistas* — que distribuem renda, ferindo a onda neoliberal — sofrem tensões ou se retraem.

---

(108) São exemplos os já citados Ferrarese e Boltanski, além do nosso José Eduardo Faria.

(109) MONGARDINI, Carlo. Prefazione. In: MONGARDINI, Carlo (org.). *L'epoca della contingenza.* Milano: Franco Angeli, 2009. p. 20.

(110) FERRARESE, Maria Rosário. *Le istituzioni della globalizzazione.* Bologna: Il Mulino, 2000. p. 51. Mais adiante, acrescenta a Autora que "a inovação jurídica se faz ela própria instrumento de concorrência. A contratação e a concorrência em torno dos institutos jurídicos se tornam em tal senso imprescindíveis elementos de dinamização dos mercados" (*op. cit.*, p. 95).

Embora mais pragmático, o Direito do Trabalho — ou o Direito, como um todo — valoriza como nunca os princípios, em detrimento das regras. E essa tendência tem sido atribuída, com razão, à evolução da doutrina. Mas talvez haja uma *concausa* psicológica, na medida em que se harmoniza com a nossa sede crescente de liberdade.

De fato, é nesse campo — dos princípios — que o intérprete retoma parte da liberdade que a letra da lei lhe tirou. E a profusão de Súmulas e Orientações Jurisprudenciais[111] apenas confirma isso, ao mostrar o poder das instâncias superiores não só em criar o Direito, como em evitar que as instâncias inferiores o façam. No mesmo sentido, as normas do novo CPC[112].

No entanto, mesmo esses aspectos — em certa medida, positivos — apresentam seus limites, quando pensamos utilizá-los no combate à terceirização.

De um lado, porque — se o Direito Civil está em alta — a norma *civilista* que mais poderia nos ajudar — a que reprime as discriminações — não chega ao ponto de levar o intérprete a concluir (como deveria) que o terceirizado *é sempre discriminado,* ou seja: é discriminado *pelo simples fato de ser terceirizado,* pelo menos quando se trata de terceirização interna.

De outro lado, porque a mesma liberdade que fortalece a aplicação dos princípios abre espaço para sua releitura — e aqui, mais uma vez, pode entrar em cena a justificativa da contingência, da emergência. Assim, ao decidir pró-empresa — numa causa que em outros tempos seria decidida pró-empregado — um juiz menos crítico pode invocar até mesmo o princípio da proteção, alegando que dessa forma estará defendendo postos de trabalho. Aliás, esse argumento — com raízes, talvez, em Adam Smith — tem sido usado com frequência por alguns economistas e juristas neoliberais, que matreiramente transferem para os seus próprios leitores e ouvintes a conclusão de que a CLT merece (no mínimo) uma revisão radical.

Desse modo, a própria afirmação de que os princípios *estão em alta* merece uma ressalva. Os que se valorizam são os que entram em compasso — ou pelo menos não colidem — com o credo neoliberal, que atua como premissa maior, como ponto de partida. E assim o princípio da livre-iniciativa avança, enquanto o da proteção perde terreno — a não ser quando invertido. A exceção fica por conta dos que ainda lutam em defesa do Direito do Trabalho.

(111) Para o Leitor pouco habituado a esses nomes: são orientações dos tribunais sobre a interpretação deste ou daquele tema jurídico. Em geral, os juizes as seguem.
(112) Para os mesmos leitores, Código de Processo Civil.

Seja como for, se os riscos existem, não são maiores que as oportunidades. E o juiz assume aqui um papel relevante e difícil. É que, em razão do mesmo clima, já não lhe é tão fácil se esconder por trás das palavras da lei. A sociedade percebe com mais clareza sua dimensão política, vendo-o não tanto como *alguém que sabe,* mas como *alguém que escolhe*, e por isso como *alguém que quer.* É como se quebrasse o encanto: *o rei está nu.* Mais do que nunca, ele é chamado, a todo momento, a prestar contas do que pensa e do que faz.

No entanto, o que vem acontecendo, *especificamente*, com o Direito do Trabalho?

Também essa resposta é difícil, mas talvez possamos ter uma ideia melhor se analisarmos — apenas como exemplo — os movimentos que vêm acompanhando as duas faces do trabalho na empresa: a subordinação e o salário.

Nos tempos de Taylor, Keynes e Ford, o trabalho repetido, fragmentado e comandado a curta distância, no interior da fábrica, deu lugar a um conceito de subordinação restrito, direto, visível. Em outras palavras, empregado era quem recebia ordens explícitas, no ambiente físico da empresa.

Apesar disso, como a palavra-chave do modelo era *incluir,* doutrina e jurisprudência foram alargando aquele conceito, de forma a trazer para dentro do Direito — ou seja, da proteção — também aqueles trabalhadores que continuavam fora do espaço físico da empresa, como empregados em domicílio ou até mesmo, às vezes, vendedores *de carrinho* de sorvetes.

Aliás, a mesma tendência ampliativa acontecia com a contrapartida da subordinação, vale dizer, com o salário. Pouco a pouco, tanto a doutrina e a jurisprudência como a própria lei deram natureza salarial a parcelas antes consideradas simples liberalidades — como gratificações, prêmios, participações nos lucros e os chamados *fringe benefits.*

Como dizíamos, esse duplo movimento envolvente tinha a ver com a ideia-base do modelo, e por isso nele se encaixava tranquilamente, sem reações contrárias. Ampliava-se, a um só tempo, não só o universo dos sujeitos protegidos, como o próprio objeto da proteção. Era essa a realidade até por volta dos anos 1960/1970 do século passado.

Hoje, a tendência é oposta. Seja por obra do legislador, seja por graça do intérprete, tanto o conceito de subordinação como o de salário sofrem tensões de todo tipo — comprimindo-se.

No caso da subordinação, surgem novas figuras que a ignoram, pelo menos enquanto bilhete de ingresso para a proteção. É o caso, por exemplo, dos contratos de estágio e das cooperativas que terceirizam mão de obra[113]. Ao mesmo tempo, alguns juízes passam a dar valor maior à declaração de vontade das partes, em prejuízo do princípio da primazia da realidade.

É verdade que, no plano da doutrina — com reflexos em parte da jurisprudência — autores de peso[114] defendem ideias opostas. Como tantas vezes acontece na vida, o *yin* caminha ao lado do *yang,* e dessa luta de contrários pode nascer uma síntese. Mas em termos de tendência — e não só no Brasil, mas no mundo — o que se tem visto é mais uma pressão para baixo do que para cima, ou mais para comprimir do que para elastecer.

Analogamente, no caso do salário, várias parcelas que haviam entrado para dentro de seu conceito vão saindo de dentro dele, e — também aqui — tanto por intermédio do legislador como do juiz e da própria convenção coletiva. Foi o que aconteceu com a participação nos lucros e mais tarde com utilidades como saúde e educação, só para citar alguns exemplos.

Assim, do mesmo modo que acontecia nos tempos de Taylor, Keynes e Ford, o Direito repete os movimentos da empresa. Só que, agora, esses movimentos já não coincidem com os princípios que informam o mesmo direito. São excludentes. Tanto a empresa como o Direito, cada qual a seu modo, *expulsam.* Ao pressionar a ideia de subordinação e o conceito de salário, tendem a comprimir tanto o universo dos sujeitos protegidos quanto o do objeto da proteção.

Mas existe outro detalhe interessante. Na verdade, a empresa não se limita a expulsar. Como vimos, o que ela faz, muitas vezes, é um duplo movimento. Expele o trabalhador protegido e o retoma sem proteção — seja através de terceirizações internas, como (indiretamente) por meio das externas, nas hipóteses em que ela *se enxuga,* fazendo-se menor.

Pergunta-se: esse movimento de ida e vinda, que lembra as ondas do mar, pode vir a acontecer também com o Direito? Poderá ele acompanhar os trabalhadores que a empresa vai descartando, e ainda uma vez protegê-los? Poderá perseguir a empresa em sua rota de fuga?

Por enquanto, o que o Direito tem feito, apesar das resistências, é antes aceitar do que corrigir os movimentos de exclusão-reinclusão. Aos poucos, ele se molda

(113) No caso das cooperativas, o problema não é propriamente a lei, mas a fraude que se pratica em seu nome.

(114) Como o nosso grande Mauricio Godinho Delgado, que fala em "subordinação estrutural", assim como os colegas Jorge Luiz Souto Maior, Sidney Machado e Lorena Vasconcelos Porto, em livros e artigos.

não apenas ao novo modo de produzir, mas ao espírito que o anima. Também ele se sente tentado a flexibilizar e a se concentrar em seu foco, *enxugando-se.*

Dirá, talvez, algum Leitor: "mas a norma jurídica não pode se abstrair da realidade!". De fato, o Direito é algo bem terreno, como as bicicletas e os automóveis, e não lhe é dado passear nas nuvens, como os foguetes de São João. Mas até que ponto, e em qual sentido, deve mesmo *corresponder* à realidade? Não lhe caberia, também, *responder* a ela? Aliás, a realidade não é feita também de sonhos?

Se a norma jurídica se limitasse a registrar o fato — como tem sido, hoje, tentada a fazer — ela estaria indicando, em sua imobilidade, que as ideias fluem sempre a partir das coisas, nunca ao contrário, e então só nos restaria o triste papel de lamentar, rezando ou torcendo para que as coisas mudassem por si. A própria norma, aliás, seria quase inútil, servindo apenas para reforçar o que já existisse.

Por essas e outras razões, o melhor é acreditar que o Direito tem papel transformador; e pode e deve interagir com o contexto, construindo, desfazendo ou reconstruindo a realidade, ainda que em pequena medida.

E o Direito, como dizíamos, é também o próprio trabalhador, ou *cada um de nós.* E hoje ainda mais do que antes, pois outro elemento da pós-modernidade é a nossa sede de igualdade, nossa ânsia em participar de tudo.

Sendo assim — pergunta-se — como enfrentar as duas formas de terceirização?

Vejamos, mais de perto, o que se tem feito ou desfeito nessa área — e o que se pode ainda fazer. Nessa análise, em atenção aos que não militam no Direito do Trabalho, teremos de repetir alguns conceitos que os especialistas já conhecem.

Capítulo 15

O Direito e a Terceirização Externa

Como lembramos, a terceirização interna é regulada por leis esparsas e (mais completamente) pela Súmula n. 331 do TST (que também se refere àquelas leis). E foi ela, como dizíamos, que inspirou o PL n. 4.330, embora sem ter sido mencionada de forma explícita.

Já a externa se liga mais de perto ao art. 2º, § 2º, da CLT, que trata do grupo econômico — e pode assim ser aplicado à empresa em rede, mesmo que essa rede seja informal. No entanto, em certos casos, também se tem invocado a Súmula, como veremos melhor depois.

Diz aquele artigo:

> "Sempre que uma ou mais empresas, tendo, embora, cada uma delas, personalidade jurídica própria, estiverem sob a direção, controle ou administração de outra, constituindo grupo industrial, comercial ou de qualquer outra atividade econômica, serão, para os efeitos da relação de emprego, solidariamente responsáveis a empresa principal e cada uma das subordinadas."

A norma se baseia nas mesmas razões que fizeram surgir, tempos depois, a doutrina (*disregard doctrine*) que desconsidera a personalidade jurídica das sociedades, quando estas a utilizam para fugir de suas responsabilidades.

Em palavras simples, o raciocínio que se faz é o seguinte:

1. a personalidade jurídica é uma criação do Direito que possibilita a separação entre os bens da empresa e os bens de seus proprietários;

2. essa separação é essencial para o sistema, pois sem ela poucos assumiriam os riscos inerentes ao comércio e à indústria;

3. exatamente porque tem aquele fim, essa separação só faz sentido quando o realiza;

4. assim, caso a personalidade jurídica seja usada com outros propósitos, deve ser desconsiderada no caso concreto.[115]

No entanto, há discussões que envolvem aquele artigo. Uma delas tem a ver com o próprio conceito de grupo econômico. Sabemos que ele existe mesmo sem ter sido formalizado: é o que diz a lei. Mas até onde poderá ir o conceito? Pode-se questionar, por exemplo, se a empresa A, que fornece peças a B e a C, deve ser considerada — *só por isso* — do mesmo grupo.

Debate-se também se seria necessária a presença de uma "empresa-mãe", dirigindo as outras, como também parece estar na lei; ou se, ao contrário, basta haver um controle recíproco, um "tráfico de influências"[116] que torne as empresas — no fundo — uma só, como verdadeiras "parceiras" que são, por mais que se apresentem independentes, em termos formais.

E há ainda um terceiro debate (sobre o qual falaremos adiante) envolvendo a natureza da solidariedade prevista em lei. Seria ela apenas *passiva* ou também *ativa*? Em outras palavras, pode-se questionar se a empresa D, do mesmo grupo de E, será também *empregadora* de F, já que a letra da lei não é explícita a respeito — embora aqui a jurisprudência se incline (com reservas) para a primeira afirmativa[117].

Pois bem. Mesmo com essas discussões, os juízes do trabalho, ao longo do tempo, sempre aplicaram, naturalmente, aquele artigo da CLT. Na hipótese mais frequente nos tribunais, as empresas A, B e C formam um grupo, e o empregado F, contratado formalmente por A, aciona A e/ou B e/ou C, para receber verbas que não lhe foram pagas. Mas tem havido também decisões que garantem a F os mesmos salários de seu colega G, mesmo tendo sido este contratado formalmente por B, e desde que ambos exerçam a mesma função.

---

(115) Cf., a propósito, KOURY, Suzy E. Cavalcante. *A desconsideração da personalidade jurídica e os grupos de empresas*. Rio de Janeiro: Forense, 1993.
(116) A expressão, salvo engano, é do mestre Ribeiro de Vilhena.
(117) Nesse sentido, a Súmula n. 129 do TST.

No entanto, embora continuem a aplicar a norma em casos como esses, em algumas outras hipóteses, os juízes têm falado em terceirização — e não em grupo — mesmo se o grupo existe; e assim *deslizam* do art. 2º, § 2º, da CLT para a Súmula n. 331 do TST. Como a Súmula só permite a terceirização em atividade-meio[118], a empresa que externaliza sua atividade-fim (no todo ou em parte) é então penalizada sob o argumento de que viola a súmula.

Isso não significa, é claro, que toda empresa esteja proibida de fracionar sua produção, ainda que um dos alvos seja economizar dinheiro — já que vivemos num sistema capitalista, cuja lógica de *ganhar mais* implica (ou explica) a de *gastar menos*. Ainda que de repente inventássemos um novo sistema, seria difícil impedir que as fábricas de carros, relógios, guitarras ou televisores encomendassem vidros, lâmpadas, *chips* ou cordas de *nylon* de outras fábricas.

Aliás, até a produção de coisas simples — canetas, por exemplo — antes realizada num só lugar, pode hoje exigir alguma segmentação, pelo simples fato de que os bens devem mudar muito mais rapidamente, para responder não só aos desejos (espontâneos ou induzidos) do consumidor, como para vencer a concorrência (que também está assim). Na verdade, o atual estágio do capitalismo traz desafios de mobilidade que às vezes só podem ser enfrentados mesmo por constelações de fábricas ou empresas. E se é assim hoje, o que não será no futuro, quando estaremos cercados de produtos ainda mais sofisticados?

Daí por que, como é óbvio, o Direito não impede — como nunca impediu — que as empresas se organizassem em rede, embora isso possa acarretar a solidariedade (já mencionada) do grupo econômico. Entretanto, conforme o caso, essa prática pode gerar para o trabalhador alguns dos mesmos malefícios da terceirização interna — no limite, até o trabalho escravo — e é então que cai nas malhas da Fiscalização ou da Justiça.

Desse modo, é a existência de precarização — caracterizando trabalho indigno — que justifica aquele *deslizamento* dos juízes em direção à Súmula n. 331. E é também a precarização que explica porque os procuradores do trabalho acionam uma empresa que fornece carvão a outra, aviltando salários ou ambientes, e *não* responsabilizam também a Fiat ou a Volkswagen quando suas montadoras, por exemplo, não pagam todas as horas extras devidas.

Em alguns desses casos, quando os juízes agem daquele modo (aplicando a súmula), observam que a empresa descartou para outra *o que antes fazia*. Seria a hipótese de uma fábrica que produzia um relógio inteiro e, de repente,

---

(118) Note-se que a restrição da Súmula não existe no caso do trabalho temporário, já que a própria lei o admite na atividade-fim.

descarta para uma "parceira" os ponteiros. Substancialmente, essa empresa não tem diferença com aquela que *sempre agiu assim.* Mas essa mudança de rota sugere, com certa frequência, *o propósito único, ou principal, de se livrar de custos.* Ou seja: a prática coincide com o objetivo comum da terceirização *interna*.

Em outros casos, aquele descarte de atividades de uma empresa para outra é mais aparente que real. A empresa induz um empregado a se constituir em pessoa jurídica, e embora lhe repasse formalmente o maquinário e outros bens, conserva a propriedade real de tudo. E o mais frequente é que a pessoa jurídica (real ou falsa) que surge nesse *imbroglio* não tenha a menor condição econômica para arcar com os riscos do negócio, mesmo se eventualmente desejasse fazê-lo.

E há ainda situações, como vimos, em que a empresa se aproveita de trabalhadores alheios em outros ambientes, *fora dela,* e ainda assim age como se eles estivessem *dentro.* O que lhe interessa, nesse caso, não é o produto acabado, mas o uso da mão de obra, assim como acontece em relação aos seus próprios empregados; apenas se utiliza de empregados que não são seus, formalmente. Mas nesse caso a terceirização é externa apenas na aparência: na verdade, é interna, caindo com mais nitidez no quadro da súmula.

Entretanto, o que realmente deve pesar não é tanto a intenção da empresa, demonstrada pela fraude e/ou pela eventual mudança de rota (*deixar de fazer* os ponteiros do relógio), mas, sim, o resultado final precarizante, em termos de salários de fome ou condições perigosas ou insalubres. Aliás, sem isso não haveria sequer interesse jurídico em acionar a Justiça do Trabalho. Trata-se, portanto, de condição necessária e suficiente.

Lembre-se de que, quando a Constituição assegura à empresa a "livre-iniciativa", não vai ao ponto de soltá-la completamente de suas mãos — como quem livra um passarinho da gaiola — mesmo porque também lhe cobra, logo em seguida, uma "função social". E a empresa que precariza — seja diretamente ou *por tabela* — não apenas se omite em sua função social, como age em direção oposta. Exerce *função antissocial.* E basta isto para que a terceirização seja ilícita.

Para combater a onda de precarizações, uma possibilidade teórica seria distinguir entre as empresas que *precisam* e as que *não precisam,* efetivamente, fragmentar o seu ciclo produtivo. Em outras palavras, separar, de um lado, as que querem apenas produzir, e não têm como fazê-lo sozinhas, por questões técnicas ou análogas; e, de outro, as que buscam apenas superar aquela contradição, dividindo a classe operária e atingindo o Direito do Trabalho.

Isso de fato pode ser viável em casos-limite, quando a própria singeleza do produto — digamos, uma garrafa de plástico — deixa bem claro que não há outro objetivo senão o de precarizar. Como vimos, esse objetivo fica mais patente quando uma empresa *deixa de fabricar* o que antes fazia, mas não necessariamente será assim. E podemos lembrar, ainda uma vez, as hipóteses em que o empregador financia um *testa de ferro* — que pode ser um empregado seu — e o transforma em "parceiro"; ou contrata uma empresa sem a menor idoneidade econômica, à semelhança do que acontece com as falsas parcerias.

Critérios como esses podem ser usados, a nosso ver, pelo auditor fiscal ou outra autoridade competente, para o fim de aplicar multas, suspender a atividade, fechar o estabelecimento etc. Desse modo, quando se vir diante de uma empresa que externalizou suas atividades, o auditor-fiscal poderá — de pronto — considerar ilícita essa prática, se estiver evidente o propósito de precarizar — *e ainda que se trate de atividade-meio*. Mas já não será assim se uma empresa simplesmente segmenta sua produção por razões técnicas e *não* induz a precarização na outra — como parece ser o caso, já referido, das montadoras de automóveis e das fabricantes de autopeças. Nesta última hipótese, não haveria ilicitude — seja "meio" ou "fim" a atividade desmembrada.

Por outro lado, no entanto, aqueles mesmos critérios podem servir — já agora, nas ações judiciais — para que se torne mais clara a própria precarização, pois às vezes ela também se esconde[(119)]. Do mesmo modo que a prática pode revelar uma intenção, a intenção pode nos ajudar a descobrir a prática.

Pois bem. Já concluímos que, se existe precarização, a empresa que terceirizou — mesmo na forma externa — é responsável, em virtude *da própria precarização*. Mas vejamos ainda um exemplo, para esclarecer melhor o nosso ponto de vista.

A empresa A se utiliza de outra, a empresa B, para obter este ou aquele fragmento de seu produto. O que lhe interessa é o produto final, como na empreitada — com a diferença, porém, que se trata de uma relação mais duradoura. Ao mesmo tempo em que a empresa A decide não mais fabricar aquele componente (ou jamais o fabricou), a empresa B se especializa nessa fabricação.

Pois bem. Se a empresa A externaliza atividades para B, *e esta precariza,* A é corresponsável. E não tanto porque teve essa intenção, ou porque não soube escolher ou contratar uma "parceira" idônea, mas porque — como empresa que é — deve assumir os riscos, como diz sua própria definição (art. 2º da CLT). Assim, a responsabilidade é objetiva.

---

(119) Segundo o já citado chefe de fiscalização Thiago Moraes, há casos em que a empresa manipula documentos, fantasiando aspectos ligados à saúde ou à segurança do trabalhador.

Quais seriam, então, as consequências? Como dizíamos, a terceirização deve ser considerada ilícita — atraindo multas dos fiscais, verbas em razão de eventual "despedida indireta", indenizações por dano moral individual e/ou coletivo etc.

Mas e a Súmula? Podemos mesmo aplicá-la?

Imaginemos outras hipóteses. Na primeira, a empresa A externaliza suas atividades para a empresa B, e trata-se de um mesmo grupo econômico — seja porque há sócios em comum, seja pelo tráfico constante de gente ou material etc. Na segunda, a empresa C também externaliza, mas não há grupo — como no caso de uma fábrica de vidros que os envia a fábricas variadas — de relógios, celulares, automóveis etc. — sem qualquer relação entre si.

Pois bem. No primeiro caso, havendo ou não trabalho precário, o juiz poderá aplicar o art. 2º, § 2º, da CLT — seja para condenar qualquer das empresas a pagar o que um empregado de A tem a receber, seja para deferir a este o mesmo salário de um empregado de B (veja-se, a propósito, o item 15.1, *infra*).

Mas e na segunda hipótese? Aqui, a simples existência de trabalho precário já será suficiente para atrair a mesma responsabilidade da empresa que externalizou. Ela terá agido ilicitamente, com o concurso da outra. E pode-se até entender que *ambas* são empregadoras. Na verdade, este argumento — da ilicitude do trabalho precário — também servirá (seja como alternativa ou como reforço) para a primeira hipótese, sempre que houver precarização.

Note-se que, em geral, não se costuma distinguir as hipóteses. Quando o fiscal do trabalho verifica que uma grande empresa se vale de uma carvoaria pertencente a outra, e ali há trabalho escravo, a tendência é autuar ambas. Do mesmo modo, não é raro que um juiz considere empregadora a empresa que compra o carvão — ainda que os empregados tenham sido formalmente admitidos pela carvoaria. Mas como se invoca a súmula, a sentença argumenta que a empresa estaria terceirizando uma "atividade-fim" — o que, no entanto, deixa sem resposta o fato de que milhares de fábricas externalizam etapas de sua produção (atividade-fim), sem que a prática seja tida como irregular.

Desse modo, e repetindo, a existência de trabalho precário faz com que a terceirização externa — que em princípio é lícita, e hoje alcança quase todos os setores produtivos — torne-se ilícita. Exagerando, talvez um pouco, seria como se a empresa voltasse a explorar o tráfico negreiro. E a base jurídica será a Constituição.

Note-se que a hipótese não se confunde com a do empregador que deixa de pagar uma hora extra, como é comum acontecer. Nesse caso, o contrato é lícito, e tanto é assim que o não pagamento se torna ilícito. Já na precarização, a indignidade — por si mesma — contamina o contrato inteiro, atraindo responsabilidades diferentes e mais graves, inclusive para quem não admitiu o empregado.

15.1. A questão do grupo econômico

Já mencionamos as discussões que envolvem o art. 2º, § 2º, da CLT — cuja *letra* nem sempre corresponde à realidade de nossos dias.

De um lado, porque nem sempre haverá uma *empresa mãe*. Para isso, basta notar que as empresas se controlam muitas vezes *reciprocamente*, em nível horizontal. Ora, *onde há a mesma razão, deve haver a mesma disposição*. Assim, a interpretação gramatical deve ceder espaço à teleológica, que enfatiza os fins da norma.

De outro lado, porque o grupo empresarial se constitui hoje de forma bem mais difusa, opaca e sutil. Desse modo, é preciso que haja — digamos assim — mais boa vontade ou mais sensibilidade para percebê-lo. O ideal será considerá-lo existente *sempre que houver organização em rede para produzir*[(120)].

Além disso, seria interessante concluir que a solidariedade mencionada pelo artigo é *ativa* e *passiva*, independentemente do que o contrato disser. Ou seja: ela servirá não apenas para que qualquer das empresas (ou todas elas) garantam os créditos do trabalhador (solidariedade passiva), como para concluir que ele será empregado do grupo, ainda que tenha sido contratado formalmente por uma delas apenas (solidariedade ativa).

Ampliar o conceito de grupo significa garantir o pagamento dos créditos trabalhistas. Ampliar a ideia de solidariedade significa preservar a isonomia. Assim, a grosso modo, o trabalhador poderá não apenas *cobrar salário* como *pagar trabalho* (se fosse convocado e se o contrato não proibisse) a qualquer empresa do grupo. Por consequência, poderá também pedir equiparação salarial em face do colega que exerce a mesma função numa "parceira" — já que serão ambos empregados de um mesmo patrão (o próprio grupo).

(120) Note-se que, se uma empresa contrata os serviços de outra, atribuindo-lhe as atividades que compõem o seu ciclo produtivo, dificilmente deixará de subordiná-la às suas diretrizes, formando o grupo a que se refere a CLT. Nesse sentido, cf. CAMPOS, Cristiana Soares. *Responsabilidade do grupo econômico na terceirização*. Dissertação de mestrado. Faculdade de Direito da UFMG, 2001. p. 139. *passim*.

Capítulo 16

O Direito e a Terceirização Interna

Se, na terceirização externa, o trabalho indigno (mesmo frequente) é circunstancial, na interna compõe o próprio modelo. Não apenas, ou não tanto, no sentido de baixos salários ou mau ambiente de trabalho — mas sob o aspecto do comércio do corpo humano. Nesse sentido, ela é *sempre* indigna — a menos, é claro, que se reduza o conceito de indignidade.

Como observa Souto Maior, a terceirização desumaniza o trabalhador. E apesar disso o Direito lhe oferece em troca apenas uma compensação financeira, como se fosse este o preço de sua dignidade(121).

Ao mesmo tempo que reduz salários e degrada as condições de saúde e segurança, ela tende a intensificar os ritmos do trabalho — não raras vezes, pelas mãos do próprio trabalhador. Pressionado pelo medo, ou tentado pelos prêmios, ele responde com aflição e *performances*.

Tratando de uma das espécies de terceirizado, afirmam dois autores franceses:

> *"Houve tempo nem tão distante em que os temporários eram vistos como fura-greves. Agora os operários veem seus filhos tornar-se temporários e ser submetidos a condições tão difíceis em seu ingresso*

(121) Observação oral em banca de doutorado na USP (junho de 2011).

na vida ativa que os perdoam até pelo fato de trabalharem enquanto eles mesmos estão em greve."[122]

Assim, enquanto reduz os custos do controle, a nova empresa intensifica (paradoxalmente) a exploração. Ela semeia instabilidades entre os trabalhadores e colhe estabilidades para si. Como diria Beck, a incerteza surge não como problema, mas como solução[123].

Além do mais — insista-se —, a terceirização degrada não só os terceirizados, e nem apenas os trabalhadores em geral — o que já seria muito — mas o próprio Direito do Trabalho como um todo. Sua admissão implica verdadeira ruptura de paradigma, um episódio de *destruição criativa*[124] tão profundo, no campo jurídico, quanto o que atingiu os meios de transportes ou as telecomunicações, no mundo tecnológico.

Por tudo isso, o ideal seria proibi-la por completo, *inclusive nas atividades-meio*. Em tese, essa proibição nem dependeria de lei específica, já que se trata de trabalho *intrinsecamente* indigno, e a Constituição assegura *exatamente o oposto*[125]. De fato, é impossível conviver com essa forma de terceirizar sem que apareça sua natureza *coisificante*.

Além disso, pode-se muito bem concluir que essa terceirização — *por si só* — discrimina. Cria uma subespécie de trabalhadores, cujos corpos, como dizíamos, são virtualmente negociados por um intermediário[126]. E a Constituição, mais uma vez, poderia entrar em cena[127].

---

(122) BOLTANSKI, L.; CHIAPELLO, E. *O novo espírito do capitalismo*. São Paulo: Martins Fontes, 2009. p. 294.

(123) O autor se utiliza da frase em sentido mais genérico, ao descrever a nova lógica da produção.

(124) Para usar uma expressão recorrente em Schumpeter e derivada da análise de Marx.

(125) Pode-se também acenar com a aplicação do princípio que veda o retrocesso, tão bem exposto por Daniela Muradas (*O princípio da vedação do retrocesso no direito do trabalho*. São Paulo: LTr, 2010).

(126) Ressalve-se, mais uma vez, apenas a hipótese da empreitada, que toca as fronteiras desse tipo de terceirização, mas não se confunde com ela. Nesse caso, o importante não é atividade em si, mas o seu resultado; por isso, as pessoas não são objeto do negócio. A propósito, diz o art. 455 da CLT: "Nos contratos de subempreitada responderá o subempreiteiro pelas obrigações derivadas do contrato de trabalho que celebrar, cabendo, todavia, aos empregados, o direito de reclamação contra o empreiteiro principal pelo inadimplemento daquelas obrigações por parte do primeiro. Parágrafo único. Ao empreiteiro principal fica ressalvada, nos termos da lei civil, ação regressiva contra o subempreiteiro principal pelo inadimplemento daquelas obrigações por parte do primeiro". Em relação ao dono da obra, completa a OJ n. 191 do TST: "CONTRATO DE EMPREITADA. DONO DA OBRA DE CONSTRUÇÃO CIVIL. RESPONSABILIDADE. Diante da inexistência de previsão legal específica, o contrato de empreitada de construção civil entre o dono da obra e o empreiteiro não enseja responsabilidade solidária ou subsidiária nas obrigações trabalhistas contraídas pelo empreiteiro, salvo sendo o dono da obra uma empresa construtora ou incorporadora".

(127) É o que ensina Delgado, com a maestria de sempre (*Curso de direito do trabalho*. 15. ed. São Paulo: LTr, p. 498).

O problema é que soluções como essa esbarram num contexto fortemente desfavorável — e não só do ponto de vista jurídico.

Ora, nós sabemos como às vezes a lei ou a jurisprudência, vendo-se sem força ou vontade suficiente para enfrentar a realidade — mas sentindo-se insatisfeita ou constrangida — busca soluções de meio termo. E é o que parece acontecer aqui.

Diante disso, o que fazer? Uma solução seria radicalizar a crítica, exigindo que todas as promessas emancipadoras da Constituição sejam cumpridas fielmente. Como elas tendem a ser incompatíveis com o sistema, estaríamos contribuindo para superá-lo. Esta é a tese de Valdete Souto Severo, brilhante juíza e professora gaúcha, que, com toda justiça, obteve a menção de "distinção e louvor" na USP.

No entanto, embora possamos defender essa ideia, o fato é que no caso da terceirização, hoje, talvez a melhor estratégia seja a de unir a solução forte e inteira (o fim de toda terceirização), com a solução parcial (a súmula).

Naturalmente, aceitar em parte a terceirização significa legitimar — e assim reforçar — essa mesma parte. Mas, também, significa negar a outra. A súmula tem um lado positivo, ao restringir o mal. E é possível defender um direito maior e um menor, enquanto o maior não vem. De outro modo não poderíamos lutar pelo próprio Direito do Trabalho, como um todo, enquanto sonhamos com outro sistema.

Em outras palavras, não nos parece que a melhor opção, em termos estratégicos, seja o tudo ou nada. O meio termo, aqui, é melhor do que o nada, pois significa impedir que a terceirização se alastre por todos ou quase todos os ambientes, multiplicando-se e reproduzindo-se como as células de um câncer.

É verdade que mesmo com a súmula o número de terceirizados beira os 40 milhões. Mas aqui se incluem certamente as terceirizações ilícitas, e não é delas que falamos, mesmo porque estarão sempre nos ameaçando — seja qual for o modelo jurídico.

De todo modo, a aplicação eventual da súmula não impede — antes, recomenda — que ela seja reinterpretada e revista. Mas vejamos antes, rapidamente, como foi que o Direito evoluiu (ou involuiu) nessa questão.

Até algumas décadas atrás, doutrinadores e tribunais combatiam duramente a intermediação de mão de obra, conhecida por *marchandage*. Mas a situação foi mudando. Abriram-se exceções à regra, algumas disfarçadas.

Um exemplo de exceção à regra é o trabalho temporário — figura que permite a uma empresa fornecer a outra um trabalhador especializado, mas por poucos meses, e apenas em duas situações: para substituir um empregado, em caso de necessidade (doença, por exemplo) ou para fazer face a situações extraordinárias (como um acúmulo ocasional de trabalho).

Um exemplo de disfarce é a terceirização em serviços de limpeza ou atividades-meio em geral, desde que ausentes "a subordinação direta e a pessoalidade" — como exige a Súmula n. 331. O disfarce vem do fato de que, na prática, será muito difícil inexistir subordinação, a menos que se reduza este conceito, de forma a torná-lo sinônimo de "obediência a ordens"; e o grau de pessoalidade, nessas terceirizações, quase nunca será diferente do que existe nas relações de emprego comum, especialmente se tivermos, de um lado, uma grande empresa, e, de outro, um pequeno emprego, do ponto de vista da qualificação do empregado. A diferença que existir será apenas *formal*.

Na Europa, alguns países, como a Itália, não admitiam sequer o trabalho temporário, até recentemente. Outros, como a Suécia, ainda proíbem a terceirização. Mas a maioria, como a França, preferiu regulamentá-la.

No Brasil, a *onda* começou na Administração Pública, com o Decreto-lei n. 200, de 1967. No setor privado, o exemplo legal mais conhecido é o do já citado "trabalho temporário", regido pela Lei n. 6.019 e pelo Decreto n. 73.841.

Como a lei regula apenas algumas hipóteses, e as terceirizações avançavam por todos os lados, o TST editou sucessivas súmulas, tentando conter a onda. Ainda em atenção ao Leitor de outras áreas, analisemos a Súmula n. 331, que é a atual:

> "CONTRATO DE PRESTAÇÃO DE SERVIÇOS. LEGALIDADE.
>
> I — A contratação de trabalhadores por empresa interposta é ilegal, formando-se o vínculo diretamente com o tomador dos serviços, salvo no caso de trabalho temporário (Lei n. 6.019, de 3.1.1974).
>
> II — A contratação irregular de trabalhador, mediante empresa interposta, não gera vínculo de emprego com os órgãos da Administração Pública direta, indireta ou fundacional (art. 37, II, da CF/1988).
>
> III — Não forma vínculo de emprego com o tomador a contratação de serviços de vigilância (Lei n. 7.102, de 20.6.1983) e de conservação e limpeza, bem como a de serviços especializados ligados à atividade-meio do tomador, desde que inexistente a pessoalidade e a subordinação direta.
>
> IV — O inadimplemento das obrigações trabalhistas, por parte do empregador, implica a responsabilidade subsidiária do tomador dos serviços quanto àquelas obrigações, desde que haja participado da relação processual e conste também do título executivo judicial.

V — Os entes integrantes da Administração Pública direta e indireta respondem subsidiariamente, nas mesmas condições do item IV, caso evidenciada a sua conduta culposa no cumprimento das obrigações da Lei n. 8.666, de 21.6.1993, especialmente na fiscalização do cumprimento das obrigações contratuais e legais da prestadora de serviço como empregadora. A aludida responsabilidade não decorre de mero inadimplemento das obrigações trabalhistas assumidas pela empresa regularmente contratada.

VI — A responsabilidade subsidiária do tomador de serviços abrange todas as verbas decorrentes da condenação referentes ao período da prestação laboral.

Note-se, ainda uma vez, que no comum dos casos a Súmula só admite a terceirização não havendo "subordinação direta", desconsiderando, virtualmente, aquele conceito objetivo ou estrutural que já citamos. No entanto, se o adotarmos, ela estará sempre (ou quase sempre) presente. Como nota Reginaldo Melhado, descrevendo a empresa capitalista,

> "para que a atividade produtiva se realize, é necessária a subordinação de seus atores a uma determinada ordem — isto é, a um conjunto de normas (...)."(128)

Repita-se ainda que a Súmula também fala em ausência de pessoalidade, abstraindo-se do fato de que mesmo na relação de emprego comum ela pode estar diluída, rarefeita. Desse modo, ambos os requisitos são bastante artificiais, e por isso devem ser interpretados com espírito crítico.

Como se pode ver, a Súmula n. 331 a um só tempo restringe e reforça a terceirização interna — aceitando-a mesmo em hipóteses não previstas em lei, desde que atendidos alguns requisitos. De todo modo, tendo em vista o que ela dispõe, o que podemos ainda fazer?

Nesse ponto, é preciso notar que não existe uma solução perfeita, e nem mesmo tecnicamente correta, no sentido de ser a *única* juridicamente possível. O que pode haver é uma solução *ótima,* no sentido de ser a mais conveniente ou estratégica para trazer maior dose de justiça. E não custa lembrar, com Mauricio Godinho Delgado(129), que se nas ciências exatas inventamos ou descobrimos, no Direito fazemos principalmente escolhas.

---

(128) MELHADO, Reginaldo. *Poder e sujeição:* os fundamentos da relação de poder entre capital e trabalho e o conceito de subordinação. São Paulo: LTr, 2013.

(129) DELGADO, Mauricio Godinho. *Curso de direito do trabalho.* São Paulo: LTr, 2015.

As hipóteses reguladas pela Súmula desafiam não só o princípio protetor, mas o próprio conceito de empregador[130].

Na lição do mesmo Mauricio Godinho Delgado:

> "dissocia-se a relação econômica de trabalho da relação juslaboralista que lhe seria correspondente."[131]

A maior diferença — em termos jurídicos — entre o terceirizado "interno" e o trabalhador comum, é que ele trabalha não para quem o admite e assalaria, mas para quem *contrata a empresa que o contratou*.

---

(130) Pela CLT, é "a empresa, que, assumindo os riscos da atividade econômica, admite, assalaria e dirige a prestação de serviços" (art. 2º).

(131) *Op. cit.*, p. 417.

Capítulo 17

Abordando Aspectos da Súmula e Ensaiando Sugestões

17.1. A divisão entre atividades-meio e fim

Como vimos, a Súmula elege como critério básico a divisão entre os exercentes de atividade-meio e os de atividade-fim. Muitos a criticam nesse aspecto, não só sob o argumento de que haveria discriminação, mas porque a distinção seria artificial, provocando dúvidas invencíveis.

De fato, pode-se falar em discriminação e até mesmo em trabalho indigno. Por isso, como também já notamos, o mais certo seria considerar ilícita *toda* terceirização, qualquer que fosse a atividade exercida. No entanto, na conjuntura atual, parece interessante defender *também* a Súmula, como solução estratégica, menor, e de curto prazo. Mas mesmo assim será preciso reinterpretá-la(132), de modo mais restritivo. Aliás, paradoxalmente, é a sua defesa que legitima a sua reinterpretação.

Pois bem. Ao aplicarmos a Súmula, devemos entender, desde logo, que aquela distinção entre meio e fim só deve ser considerada se não houver precarização das condições materiais de trabalho ou violação das normas de saúde e

---

(132) Sobre a conveniência de se ler a súmula restritivamente, cf. DELGADO, Mauricio Godinho. *Curso...*, cit., p. 490.

segurança. Caso contrário, a terceirização será ilícita, mesmo se se restringir à atividade-meio.

Quanto às dúvidas sobre o que será *meio* ou *fim*, não parecem ser tão frequentes ou difíceis. Afinal, a atividade é fim quando se relaciona em linha reta não só com o objeto da atividade empresarial, mas com a própria *causa* da empresa, ou seja, o que a fez existir — seja fabricar relógios ou divulgar conhecimento. Pode-se dizer, por exemplo, que o fim principal de uma escola é o ensino; que o ensino depende basicamente dos professores; e que a atividade da secretaria viabiliza a atividade dos professores(133).

Lembre-se de que o fato de uma atividade ser utilizada como simples meio não significa, evidentemente, que seja irrelevante para a realização de seus fins. Mas sua relevância maior pode fazê-la, às vezes, transpor limites, caindo no campo da atividade-fim. O serviço de limpeza de uma fábrica de colchões, por exemplo, é sem dúvida atividade-meio; já não se pode dizer o mesmo (pelo menos com igual certeza) na hipótese de um hospital.

De todo modo, para os casos de fronteira, há uma solução bem simples e um tanto esquecida. Basta aplicar o princípio da interpretação mais favorável ao trabalhador, o que significará concluir — sempre ou quase sempre — que a atividade é *fim*. Aliás, talvez fosse o caso de se positivar esse princípio, inserindo-o explicitamente na Súmula.

A hipótese dos *call centers* pode se encaixar aí. A lei permite a terceirização "inerente" a esta atividade. Mas como já fez notar a Ministra Rosa Maria Weber, hoje abrilhantando o STF, os dicionários dão àquela palavra vários sentidos, que vão do *essencial* ao *pertinente*. Se adotarmos, como devemos, o benefício da dúvida, teremos de concluir que "inerente", no caso, significa apenas "pertinente".

Ora, sendo assim, devemos inferir também que a lei mantém o critério da súmula. Ou seja: só poderia haver terceirização na atividade-meio (com a ressalva que fizemos acima). Aliás, é o que também recomenda um princípio ainda mais importante, e que não é apenas do Direito do Trabalho — o princípio da dignidade humana.

---

(133) A propósito, sugere Amauri Cesar Alves um critério (mais subjetivo) interessante: "se for possível abstrata e mentalmente retirar a atividade terceirizada do contexto produtivo do tomador dos serviços e, mesmo assim, vislumbrar o resultado final, e não a atividade é meio. Ao contrário, se do exercício de imaginação não for possível o resultado final sem a atividade terceirizada, a atividade será fim e, portanto, a terceirização será irregular" (*Direito do trabalho essencial:* doutrina, legislação, jurisprudência, exercícios. São Paulo: LTr, 2013. p. 210).

Pois bem. A atividade da operadora de *call center* é fim, e não meio. Como certa vez ponderou a Ministra Maria Calsing, do TST, o atendimento ao cliente é previsto enquanto obrigação da empresa até pelo Código do Consumidor. No mínimo, teremos aqui, mais uma vez, dúvida razoável, que atrai o princípio do *in dubio pro operario.*

Na verdade, a importância de se restringir a terceirização em atividade-fim pode ser percebida até pela forte pressão contrária exercida pelas empresas que terceirizam. E não foi outro, como vimos, o objetivo do projeto de lei que tenta alargá-la. Ora, essa escolha não seria reprovável apenas em termos políticos ou de conveniência, mas no sentido jurídico — transformando em regra as exceções hoje admitidas[(134)].

17.2. O critério da precarização

Como uma espécie de desdobramento da posição anterior, parte da doutrina defende a ideia de que toda terceirização deve ser permitida, desde que não precarize as condições de trabalho e salário. Seria um critério alternativo ao da Súmula, pois a terceirzação nas atividades-fim passaria a ser permitida.

Ora, se o terceirizado *internamente* é um homem que a empresa aluga ou arrenda, é evidente que essa terceirização *sempre* precariza. Como dizíamos, ela rouba a sua dignidade. Trata-o como um animal ou um objeto. E isso sem falar na instabilidade que esse modelo semeia — o que, naturalmente, é outro fator de precarização. Ao contrário do trabalhador qualificado, que se desloca de uma empresa a outra, fazendo-se tanto mais móvel quanto "empregável", o terceirizado é movido — é semovente. Assim, terceirização que não precariza é *uma contradição em seus próprios termos.*

Aliás, de certo modo, a pobreza visível pode ser vista como o retrato — ou a expressão concreta — daquela outra pobreza, que coisifica o homem. Cada

---

(134) Alguns autores, como Garcia Martinez, constroem analogias interessantes que nos permitem entender bem a importância dos princípios. Eles funcionam como "teia", suportando impactos e praticando ajustes; como "filtros", depurando conceitos e facilitando a aplicação da norma; como "diques", impedindo a invasão de normas estranhas, inclusive de princípios de outros ramos jurídicos; como "cunha", alavancando a interpretação do Direito num sentido sempre mais atual e progressista. Por outro lado, no entanto, é importante notar que a mesma liberdade que hoje o juiz reivindica e exerce, no plano dos princípios, pode levá-lo a inverter o sentido dos mesmos princípios — ou mais precisamente o sentido que corresponde à sua construção histórica e à sua teleologia. Aliás, como dizíamos, o próprio valor *liberdade* pode levá-lo a ser mais tolerante com as inovações promovidas pelas empresas, dentre as quais, a terceirização.

uma se revela na outra, denuncia a outra, *aponta o dedo* para a outra. No entanto, mesmo sem as suas formas mais visíveis, a precarização persiste. Além de tudo, ainda que utilizada em sentido reduzido, será difícil aferir a própria precarização se todos (ou quase todos) se tornarem terceirizados, como certamente será se abrirem as portas das atividades-fim...[(135)].

De toda forma, como vimos, *na hipótese de trabalho precário* a terceirização deve ser considerada sempre ilícita. É preciso introduzir essa distinção ao interpretarmos a Súmula. E o vínculo se fará diretamente com o tomador, sem prejuízo da responsabilidade solidária do fornecedor.

Lembre-se, mais uma vez, de que a precarização pode servir também de critério para se considerar ilícita a terceirização *externa*.

17.3. O critério da especialização

Alguns entendem que o melhor critério para definir a licitude seria o da especialização. Nesse sentido, a empresa tomadora poderia sempre tomar emprestada a mão de obra que lhe fosse difícil obter. Trata-se, no fundo, de uma tentativa — consciente ou não — de justificar a terceirização, que decorreria de uma situação de verdadeira *necessidade.*

Note-se que uma das hipóteses admitidas pela Súmula n. 331 é exatamente a dos "serviços especializados ligados à atividade-meio do tomador". No entanto, em geral, quem exerce um serviço especializado tende a se encaixar mais numa atividade-fim do que numa atividade-meio. Desse modo, se admitirmos sempre a terceirização de serviços especializados, sem distinguir meio e fim, estaremos, na prática, apenas invertendo os termos da equação, ou seja, permitindo a terceirização na atividade-fim.

É certo que a Lei do Trabalho Temporário também exige que o trabalhador seja qualificado[(136)] — mas, se o faz, é exatamente porque permite a terceirização

(135) A observação nos foi feita pelo já citado juiz Lamartino França de Oliveira.
É verdade que sempre se poderia imaginar uma saída, como a de se estender à hipótese, por via interpretativa, o art. 460 da CLT. Em outras palavras, o juiz aplicaria ao terceirizado o salário pago em outras empresas para trabalho semelhante. Mas além da dificuldade de se aceitar essa interpretação, a regra se tornaria virtualmente inaplicável antes que houvesse (se houvesse) um processo judicial.

(136) Note-se que alguns entendem que a palavra indica apenas que o trabalhador deva ser individuado, identificado — o que seria, em nossa opinião, concluir que a lei diz o óbvio. Já o Decreto n. 73.841, que regulamenta a Lei n. 6.019, esclarece bem a questão ao se referir a trabalhador "especializado".

em atividade-fim. E essa permissão é um pouco atenuada pelo fato de que se trata de algo temporário, emergencial.

Não custa ponderar, também, que o fato de uma empresa precisar, em caráter permanente, de um *expert* em certo tipo de solda altamente refinada não justifica a contratação de uma empresa especialista em fornecer — ou em *fabricar* — soldadores, do mesmo modo que o fato de uma empresa necessitar de um advogado ou engenheiro não impede que ela o faça diretamente.

17.4. Pessoalidade e subordinação direta

Como vimos, a Súmula exige, para que a terceirização seja lícita, a inexistência de pessoalidade e subordinação direta. Com isso, sinaliza que — fora da hipótese do trabalho temporário — só pode haver terceirização quando a única relação jurídica que envolver a tomadora for a que esta mantém com a fornecedora. Seria como na empreitada: uma empresa contrata outra para executar uma obra, pagando-lhe em função do resultado.

Se houver subordinação ou pessoalidade, os pressupostos de *outra* relação — já agora, entre a tomadora e o trabalhador — estarão presentes. E é exatamente por isso que a Súmula conclui pelo vínculo jurídico de emprego, unindo o trabalhador não à empresa fornecedora, que o contratou, mas à empresa tomadora, que utilizou os seus serviços. Só não será assim com o trabalho temporário, pois nesse caso a lei elegeu como critério, para definir o empregador, não tanto o direito de dirigir o trabalho, mas a obrigação de pagar o salário — abstraindo-se do também do fato de que, em última análise, o valor que paga a mão de obra *sai dos cofres do tomador*[137].

Ora, como dizíamos, a pessoalidade é um dado muito relativo, quando se trata de grande empresa e trabalho desqualificado. A não ser em termos formais, muitas vezes será tão tênue no trabalho comum quanto na terceirização. No tocante à subordinação, se a entendermos de forma objetiva ou estrutural[138], em

(137) Essa forma de terceirização, talvez mais que as outras, permite que a empresa — que tudo vê e tudo sabe — disfarce seu verdadeiro papel, pois, no fundo, em *substância*, quem dirige o trabalho alheio com o fim de produzir riquezas deveria logicamente ser considerado empregador. Assim, pode-se dizer que as sombras ocultam já não apenas a mais-valia, como diria o velho Marx, mas *o próprio sujeito* que dela se apropria.

(138) A propósito, cf. especialmente os estudos de Ribeiro de Vilhena, Mauricio Godinho Delgado, Jorge Luiz Souto Maior, José Eduardo Chaves e Lorena Vasconcelos Porto, que — entre nós, mais ou menos nessa sequência — aprofundaram-se no tema.

poucos casos estará ausente, mesmo nas atividades-meio. O ideal seria, então, aplicar os critérios da Súmula sem tirar os olhos da melhor doutrina, ou seja, sem reduzir os conceitos de pessoalidade e subordinação.

Note-se que no PLC n. 30/2015 foi inserido um artigo que proíbe "a intermediação da mão de obra". Pelo visto, a expressão se refere à hipótese em que o trabalhador é cedido por uma empresa a outra (terceirização interna), e esta última também comanda o seu trabalho (hipótese hoje só admitida no caso do trabalho temporário). Nesse ponto, portanto, o projeto estaria em sintonia com a Súmula. Seja como for, porém, nos casos de trabalho que se estende no tempo e que não configura empreitada, é mesmo difícil imaginar, como dizíamos, a ausência de subordinação do trabalhador à tomadora, exceto se reduzirmos o significado da palavra.

17.5. A questão da responsabilidade

Deve ser solidária.

É verdade que, pela lei civil, a solidariedade não se presume; vem da lei ou do contrato. Mas a palavra "lei", a nosso ver, pode e deve ser entendida em sentido amplo, de "Direito". E os princípios do Direito do Trabalho podem ser invocados muito bem para justificá-la.

No entanto, ainda que se pensássemos apenas em termos de lei, e não de Direito, o argumento de que "a solidariedade não se presume" não valeria também para a subsidiariedade? Em ambos os casos, quem paga a conta é um terceiro — e essa é a razão daquela regra(139).

Lembre-se de que o Direito Comparado é uma das fontes do nosso Direito (art. 8º da CLT). E vários países, como França, Itália e Portugal, preveem a solidariedade. Aliás, a lei francesa de trabalho temporário — que nos serviu de modelo — estende-a para todos os casos de "inadimplemento" (*défaillance*). Mas o legislador brasileiro, como nota Catharino, parece ter se enganado, traduzin-

---

(139) A propósito, observa Jorge Luiz Souto Maior, valendo-se de Caio Mário, que "tem ganhado força entre os doutrinadores a noção que admite a presunção da solidariedade, para satisfação mais eficiente da obrigação, como se dá em outros países"; na Bélgica e na França, fala-se em "solidariedade jurisprudencial ou costumeira" (MAIOR, Jorge Luiz Souto. A terceirização sob uma perspectiva humanista. In: JUNQUEIRA, Carlos Henrique; DELGADO, Gabriela Neves (coords.). *Terceirização no direito do trabalho.* Belo Horizonte: Mandamentos, 2004. p. 63).

do aquela palavra como "falência" (*faillite*)(140). Veio a Súmula e optou por uma solução de meio-termo, compondo o fato do *inadimplemento* com o efeito da *subsidiariedade* para as terceirizações em geral.

A nosso ver, a opção por uma responsabilidade solidária, e não apenas subsidiária, teria dois aspectos positivos. De um lado, talvez inibisse um pouco mais a terceirização, ou levasse a empresa-cliente a escolher com mais cuidado o fornecedor. De outro, poderia simplificar e agilizar as execuções(141).

Parece-nos também interessante explicitar a responsabilidade (solidária, igualmente) da empresa fornecedora, no caso de terceirização ilícita. Nessa hipótese, a posição dos atores se inverteria, mantendo-se o mesmo resultado.

17.6. A questão da isonomia

Por outro lado, é hora de garantir expressamente a *todos* os terceirizados os mesmos salários (em sentido amplo) dos empregados comuns. Trata-se de simples questão de isonomia. Afinal, o que importa ao Direito do Trabalho é a realidade, e eles trabalham, efetivamente, *na mesma empresa*.

Aliás, se trocarmos a forma pelo fundo, notaremos que — em última análise — quem desembolsa o valor que vai custear os salários é o tomador, embora quem os pague seja o fornecedor, depois de descontada a sua parte. De resto, como indaga o Ministro Freire Pimenta, do TST, se até os temporários têm essa garantia, como negá-la aos permanentes?(142)

No entanto, a isonomia não deve se deter na questão dos salários. Num contexto em que parcelas de natureza salarial cada vez mais se *desalarizam*, será preciso estender aos terceirizados os benefícios concedidos aos empregados da tomadora, desde que compatíveis. Naturalmente, e não só pela razão isonômica, os terceirizados deverão fruir de condições dignas de saúde e segurança no trabalho.

---

(140) CATHARINO, José Martins. *Trabalho temporário*. Rio de Janeiro: Edições Trabalhistas, 1984. p. 142.

(141) O argumento tem sido usado recorrentemente por alguns doutrinadores, como Jorge Luiz Souto Maior.

(142) Ac. TRT 3ª Reg., 3ª T., RO n. 08157/94.

Capítulo 18

Outras Sugestões

18.1. O sindicato

Como já notamos, o Direito do Trabalho sempre viveu sob tensão. Ao contrário do que acontece em outras áreas, suas normas tendem a *não* se cumprir espontaneamente — pelo menos por inteiro. Por ser assim, ele reclama suportes originais — como o fiscal, o juiz e o procurador especializados — e até para além de si mesmo, como o sindicato.

Sem um sindicato forte, os terceirizados precisarão sempre — muito mais do que os outros trabalhadores — do apoio do Estado, ou seja, de uma solução que dependerá da vontade política de cada Governo ou Congresso que vier. Mesmo que eventualmente os seus salários não estejam comprimidos, a ameaça estará sempre presente. Aliás, essa é exatamente uma das razões que explicam o fato de que os seus salários tendem a baixar.

O problema é que existe aqui um círculo vicioso — pois a terceirização, como dizíamos, conspira sempre contra o movimento sindical. Além de não reunir um coletivo estável e homogêneo, ela introduz a concorrência no interior da própria força de trabalho.

De todo modo, há uma possibilidade de se reduzir esse impacto, se os terceirizados puderem se organizar no mesmo sindicato dos empregados da tomadora — o que nos parece uma proposta interessante. Na verdade, essa seria a solução ideal — pelo menos para os que se mantêm numa mesma empresa *por longo tempo*, como acontece, com o pessoal de asseio e conservação.

Além de reduzir o processo que fragmenta a classe operária, a representação seria mais efetiva. Como observa com inteligência Gabriela Neves Delgado, o sindicato dos trabalhadores permanentes não só costuma ser mais forte, como tem interesse em evitar "que a prática terceirizante rebaixe o valor da força de trabalho"[(143)].

É verdade que sempre se pode dizer que, em nosso sistema *(a)* a categoria profissional deve corresponder à econômica, como uma espécie de espelho; *(b)* a categoria econômica, no caso, é a da empresa fornecedora; *(c)* o seu ramo de atividade não se confunde com a da empresa tomadora. Assim, ao sindicato das empresas que fornecem mão de obra deveria corresponder o sindicato dos trabalhadores nessas mesmas empresas.

No entanto, o argumento pode ser contestado. Basta lembrar que, quando a CLT fez a categoria profissional corresponder à econômica, foi por concluir que as pessoas que trabalhavam num mesmo ramo de atividade empresarial se unem por laços de solidariedade[(144)]. Ora, no caso dos terceirizados que ficam longo tempo na mesma empresa tomadora, esses laços se formam com o pessoal que está ali, e não com os *outros* terceirizados, que eles nem conhecem[(145)]. De resto, na prática, o nosso sistema já vive, em boa parte, uma situação de pluralismo sindical[(146)].

Já em relação ao terceirizado que se vincula por *tempo curto* a cada empresa, como o temporário, talvez não seja essa a melhor solução.

É que, embora ele trabalhe como o efetivo (e mereça, por isso, o mesmo salário), sua vida é muito diferente. Não se enraíza. Não se comunica. Como pingo de chuva, pula aqui e ali. Aliás, talvez seja visto até como uma ameaça, pois seu trabalho cumpre o mesmo papel da máquina — suprindo e às vezes suprimindo postos efetivos[(147)].

Até os problemas e aspirações desses terceirizados são também oscilantes e variáveis, pois dependem de cada setor de atividade, de cada lugar de trabalho.

---

(143) *Op. cit.*, p. 157.

(144) A propósito, cf. o art. 511 e seus parágrafos, ainda vigentes.

(145) Sobre o tema, observa com razão Amauri Cesar Alves (*Pluralidade sindical:* nova interpretação constitucional e celetista. São Paulo: LTr, 2015. p. 188) que "a "situação de emprego na mesma atividade econômica ou em atividades econômicas similares ou conexas" prevista na CLT significa, hoje (...) não mais agregação por vinculação a um único empregador, mas sim pela identificação de quem se aproveita, em essência da prestação laborativa entregue".

(146) Alguns aspectos dessa questão foram muito bem levantados por José Eymard Loguercio, em seu ótimo livro *Pluralidade sindical:* da legalidade à legitimidade no sistema sindical brasileiro. São Paulo: LTr, 1998

(147) Note-se que a empresa tomadora pode contratá-lo, e, mesmo que não o faça, utiliza-se dele para se *enxugar*, como vimos.

Aliás, esse fato, por si só, já é em si mesmo um problema, pois dificulta a sua identidade não só com os trabalhadores permanentes, mas *com a sua própria classe.*

Em casos mais radicais, esse problema pode encontrar em si mesmo uma solução (relativa), já que a vida instável e picotada do terceirizado o aproxima de seu colega. Embora nem sempre compartilhem as realidades do dia a dia, pois podem estar em empresas diferentes, sofrem idêntica instabilidade e igual desenraizamento. Nesse aspecto, identificam-se.

Assim, a reunião desses terceirizados num sindicato próprio pode eventualmente ser mais interessante do que a sua inserção no sindicato ao qual pertencem os efetivos. Aliás, de outro modo, eles correm o risco de ter de pular também de um sindicato a outro, o que aumentaria — ao invés de reduzir — a sua natural dispersão.

Note-se, porém, que esses sindicatos tendem a ser mais frágeis, mesmo porque os laços que unem as pessoas também o são. Desse modo, o ideal seria deixar para o próprio terceirizado a escolha — e ainda que a lei não o faça é sempre possível construir uma interpretação nesse sentido[(148)].

Nesse ponto, sabemos que o nosso Direito limita a liberdade sindical. Mas a Convenção n. 87 da OIT, que a garante, só não pode servir de parâmetro nas hipóteses de choque frontal com a nossa Constituição. No mais, deve ser aplicada, mesmo não ratificada, já que *fundamental.* E os seus princípios terão de ser lembrados pelo menos no momento da interpretação.

Ainda que fosse diferente, o princípio da isonomia do salário e das condições de trabalho não deveria sofrer restrições pelo fato de os empregados da tomadora terem uma convenção coletiva diferente da que abrange os terceirizados, ou seja, o valor fixado na convenção lhes será aplicável de todo modo, integrem ou não o sindicato[(149)].

Por fim, não custa lembrar que a solidariedade tem duas mãos. De um lado, produz a norma coletiva. De outro, é produzida por ela. Sem lutas comuns,

---

(148) As Convenções ns. 87 e 98 da CLT, consideradas "fundamentais", além de várias declarações internacionais de direitos podem servir de instrumento para se relativizar, por via interpretativa, o conceito da "unicidade sindical" prevista na Constituição.

(149) Na Itália, há uma situação um tanto parecida: como inexiste lei fixando o salário mínimo, mas a Constituição prescreve um salário digno, a jurisprudência considera mínimo o salário fixado na convenção coletiva aplicável ao trabalhador; não havendo nenhuma aplicável a ele, o juiz recorre a uma convenção pública análoga.

sem interesses semelhantes, não há coesão possível — pelo menos no mundo do trabalho.

18.2. A greve

A Lei n. 7.783 proíbe a "contratação de trabalhadores substitutos" durante a greve, salvo exceções que mais abaixo veremos.

Ora, os terceirizados podem ser tidos como "trabalhadores substitutos". O problema é que entre eles e a empresa não há uma "contratação". Os contratos se dão em outros níveis. Um deles envolve a fornecedora e a tomadora de serviços. O outro, a fornecedora e o trabalhador.

Mas a regra exige interpretação extensiva. A razão é a mesma. O que se quer é impedir a prática de atos antissindicais, que inviabilizam a própria greve. Pouco importa se o trabalhador é contratado por uma empresa ou por outra. O importante é que irá *furar* a greve, esvaziando-a.

De mais a mais, a diferença entre o terceirizado e o empregado efetivo, em termos de contratação, é mais de forma que de fundo. Formalmente, ele é admitido pela empresa fornecedora, que lhe paga os salários. Substancialmente, na prática, é como se tivesse sido contratado pela empresa cliente. No preço da intermediação está embutido o seu salário.

Mas vejamos agora as exceções legais a que nos referimos.

A primeira diz respeito à greve que, de algum modo, contraria a lei. É a (mal) chamada "greve abusiva" (art. 14).

A segunda tem a ver com a hipótese em que a empresa precisa manter certas máquinas ou serviços em funcionamento, seja para evitar "prejuízo irreparável", seja para permitir a retomada normal das atividades, quando a greve terminar (art. 9º).

Nesse caso, diz a lei que a empresa e o sindicato, de comum acordo, devem formar equipes de trabalho. Caso não haja o acordo, poderá o empregador, "enquanto perdurar a greve", "contratar diretamente os serviços necessários" (parágrafo único).

No entanto, o que significará a expressão: "enquanto perdurar a greve"?

É claro que não significa que a *contratação* deva ocorrer durante a greve. Isso é óbvio. O que a lei quer dizer é que o empregador não pode contratar trabalhadores que irão suceder aos grevistas *depois* da greve. Em outras palavras, esses contratos terão de ter um prazo. Esse prazo terá de ser a própria greve.

Embora já se possa interpretar a lei assim, seria conveniente se a lei ou a jurisprudência proibisse, expressamente, a contratação de terceirizados durante a greve — impedindo, desse modo, que a empresa contornasse os fins da norma.

18.3. Ainda outras possibilidades

No plano das relações coletivas, uma das estratégias possíveis contra os efeitos da terceirização seria a de se garantir ao sindicato não só uma ampla liberdade de ação, mas instrumentos que viabilizem o exercício dessa liberdade — como a proteção contra a despedida arbitrária[(150)] a repressão aos atos antissindicais e a ampliação dos limites e do próprio conceito de greve[(151)] — seja por via hermenêutica, seja por meio de lei.

Ao lado disso, devem os sindicatos tentar articular suas lutas com as da sociedade civil, crescendo para não morrer. Isso significa abrir as suas portas para um universo maior e mais diversificado de pessoas, tentando sensibilizá-las em torno de um projeto comum — por mais difícil que isso pareça em tempos pós-modernos.

Costuma dizer o mestre italiano Giancarlo Perone que o Direito do Trabalho deve se transformar em *Direitos* do Trabalho[(152)]. Se é assim, também o sindicato terá de reunir os empregados aos sem-emprego e mesmo aos autônomos — paradoxalmente — dependentes.

Nesse mesmo campo, outra ideia é incentivar a criação de redes de pequenas empresas, organizadas ou não em forma de cooperativas *verdadeiras*, para que elas aumentem o seu poder de barganha no mercado. Para isso, a CUT criou uma Agência de Desenvolvimento Solidário, que tem articulado suas ações com ONGs e o Poder Público.

Talvez seja hora, também, de nos tornarmos *consumidores solidários*, privilegiando não só os produtos elaborados com respeito à natureza, como aqueles fabricados sem ferir a dignidade do trabalhador.

---

(150) Embora se possa, desde já, concluir pela existência dessa proteção (vejam-se, por exemplo, os estudos de Souto Maior), não tem sido esta, como sabemos, a posição da doutrina e da jurisprudência majoritárias.

(151) De modo a abranger as greves atípicas.

(152) Conferência na Escola Judicial do TRT da 3ª Região, nov. 2002.

Nesse sentido, a utilização, pelas próprias empresas, de certificações (como a AS 8000[153], por exemplo) pode ao mesmo tempo orientar o consumidor e lhe garantir uma boa imagem. Contra as empresas que descumprirem o mínimo que a lei garante, a solução poderá ser a velha prática do boicote.

E as escolas poderão nos tornar também *pensadores solidários*, como algumas já têm ensaiado, em várias partes do País — envolvendo estudantes, professores e outros segmentos da sociedade civil numa luta que afinal interessa a todos.

(153) *Social Accountability* 8000.

Capítulo 19

A Terceirização no Setor Público: Breves Palavras

19.1. Aspectos gerais

No setor público, a terceirização ganha alguns contornos diferentes. Em geral, tem servido não tanto para agilizar os serviços ou baixar salários, mas para burlar a exigência do concurso(154). Além disso, o próprio trabalhador, quase sempre, eterniza-se no posto, enquanto as fornecedoras se vão sucedendo. E isso, é claro, muda bastante — e de forma positiva — a sua condição.

Mas a própria permanência do trabalhador no emprego pode ser sinal de uma distorção — o apadrinhamento político, que, naturalmente, implica pessoalidade. Quanto à subordinação, costuma ser mais evidente ainda que na atividade privada.

Ora, nos termos da Súmula n. 331, havendo pessoalidade e subordinação, a terceirização se torna ilícita — mas, como se sabe, sem produzir a consequência normal, ou seja, sem que se forme o vínculo de emprego com a Administração Pública, já que falta o requisito do concurso.

É preciso acrescentar, no entanto, que podem haver outras ilicitudes. Em geral, os autores de Direito Administrativo costumam mencionar — além da

---

(154) Pelo menos na cidade de Brasília, sabe-se que as convenções coletivas do pessoal terceirizado lhes asseguram, em geral, salários melhores que os efetivos na mesma função.

subordinação e da pessoalidade — uma série de indícios, como a utilização de equipamentos da Administração, por parte do trabalhador, ou a sua transferência ou dispensa, também pelo Poder Público, ou ainda a existência de cargo público correspondente à função que ele desempenha[155].

O mais interessante é observar como essa doutrina interpreta o § 1º do art. 71 da Lei n. 8.666/93, que motivou a recente decisão do STF, sobre a qual falaremos adiante. Como se sabe, aquela norma dispõe que:

> *"a inadimplência do contratado, com referência aos encargos estabelecidos neste artigo (comerciais, trabalhistas e fiscais), não transfere à Administração Pública a responsabilidade de pagamento."*

A interpretação daqueles administrativistas caminha no sentido de entender que: a) se a terceirização é lícita, aplica-se a norma em sua literalidade, ou seja, o Poder Público se exime de responsabilidade, mesmo porque o contrato se faz entre pessoas jurídicas autônomas, ambas capazes de responder por seus atos; b) se a terceirização é ilícita, o extremo oposto acontece, pois não só a Administração responde *solidariamente*, como o administrador paga por improbidade administrativa[156].

19.2. A postura do STF e as possibilidades que se abrem[157]

Como sabemos, o STF declarou constitucional o já citado § 1º do art. 71 da Lei n. 8.666, mas ao mesmo tempo deixou claro que a Administração poderá vir a ser responsabilizada, desde que fique provada a sua culpa pelo inadimplemento de verbas trabalhistas por parte da empresa fornecedora.

Assim, basicamente, o que mudou foi apenas o fato de que o Estado já não pode ser condenado pelo simples fato daquele inadimplemento. A responsabilidade, que em geral se tinha por objetiva, passou a ser considerada subjetiva.

(155) Nesse sentido, DI PIETRO, Maria Sylvia Zanella. Terceirização municipal em face da lei de responsabilidade fiscal. In: FORTINI, Cristiana (coord.). *A terceirização na administração:* estudos em homenagem ao professor Pedro Paulo de Almeida Dutra. Belo Horizonte: Fórum, 2009. p. 74.

(156) Nesse diapasão, por ex., José dos Santos Carvalho Filho, para quem, no caso, "o contratante não tem qualquer tipo de ingerência nas relações trabalhistas derivadas do contrato de trabalho celebrado entre a empresa terceirizada e seus empregados". FORTINI, Cristiana (coord.). *A terceirização na administração:* estudos em homenagem ao professor Pedro Paulo de Almeida Dutra. Belo Horizonte: Fórum, 2009. p. 51.

(157) A propósito da terceirização no setor público e da decisão do STF, *vide* o seguinte artigo: DELGADO, Gabriela Neves; AMOEIM, Helder Santos; VIANA, Márcio Túlio. Terceirização. Aspectos gerais. A última decisão do STF e a Súmula n. 331 do TST. Novos enfoques. *Revista do Tribunal Superior do Trabalho,* Brasília: TST, v. 77, p. 54-84, 2011.

Nesse sentido, a nova redação da Súmula n. 331 diz que só é responsável a Administração "caso evidenciada a sua conduta culposa no cumprimento das obrigações da Lei n. 8.666/93, especialmente na fiscalização do cumprimento das obrigações contratuais e legais da prestadora de serviço como empregadora".

Note-se que tanto a decisão do STF como a Súmula do TST falam em culpa, mas não se referem ao ônus da prova. Seria possível, no caso, considerar uma presunção de culpa da Administração?

Dir-se-á que, sendo assim, tudo voltaria a ser como antes da decisão do STF. Mas também se pode responder que antes o que havia não era presunção de culpa, e sim — como dizíamos — responsabilidade objetiva, que afastava a possibilidade de prova contrária.

Sabemos que atualmente, pelo menos, essa solução seria inviável. Aliás, pelo que se sabe, numerosas condenações do Estado já foram cassadas em reclamações perante o STF, em decisões monocráticas, mesmo com fortes indícios de culpa, embora a maioria dos ministros não aja assim.

Seja como for, a inversão do ônus da prova pode vir a ser uma ideia com mais possibilidades de êxito no futuro. Por ora, é possível entender, pelo menos, que haverá culpa sempre que a Administração deixar de cumprir à risca o seu duplo papel de *escolher bem* e de *fiscalizar com eficiência* a empresa contratada, nos termos da Lei de Licitações e das sucessivas instruções normativas que vêm sendo (e que vierem a ser) editadas a respeito do assunto(158).

Não custa insistir que, mesmo com os atuais critérios, persistem a indignidade e a fraude, além de uma discriminação tão grande, e ao mesmo tempo tão naturalizada, que a respiramos sem sentir, como fazemos com o ar. Contudo, sem aqueles critérios, naturalmente, a situação se agravaria muito mais.

---

(158) Uma postura proativa do juiz pode minimizar esses problemas. Uma ideia seria requisitar — mesmo de ofício — documentos que comprovassem a diligência da Administração. Na falta dessa prova, haveria uma justificativa mais forte para a condenação (assim como acontecia, *mutatis mutandis,* quando se exigia, para a inversão do ônus da prova, que a empresa fosse intimada a apresentar controle de ponto. Mas há outras medidas possíveis. A juíza Ana Freitas, da 6ª Região, relatou-nos informalmente que vem exigindo o depósito judicial das parcelas incontroversas, sempre que a Administração retém faturas pendentes do contrato rompido com a fornecedora. Ela ressalva em ata que o cumprimento da ordem judicial não decorre de qualquer entendimento acerca da existência ou não de responsabilidade patrimonial, mas em face de reter um crédito da devedora principal — o que a equipararia a qualquer devedor trabalhista. Sobre o ativismo judicial, cf. o interessante livro de TEODORO, Maria Cecilia Maximo. *O juiz ativo e os direitos trabalhistas.* São Paulo: LTr, 2011.

Capítulo 20

Sintetizando as Propostas

Em termos sintéticos, podemos dizer que:

1) A terceirização externa (de atividades empresariais) se rege, basicamente, pelo art. 2º, § 2º, da CLT, mas há justificativas suficientes para que se responsabilize a empresa que a promove, tratando-se de condições precárias de trabalho e/ou de salário;

2) Na mesma hipótese (precarização) a terceirização externa será ilícita, mesmo nas atividades meio;

3) A norma da CLT acima referida deve ter leitura expansiva, de modo a abarcar os grupos de formação horizontal e a abranger formas mais sutis ou disfarçadas de agregação empresarial;

4) A terceirização interna (de mão de obra) está disciplinada em parte pela legislação extravagante e completada pela Súmula n. 331 do TST, que a ela também se refere;

5) O ideal seria proibir qualquer forma de terceirização interna, ou pelo menos a que foge aos termos precisos daquela legislação;

6) Não sendo isso possível, ou até que isso aconteça, os critérios daquela Súmula devem prevalecer como regra geral, mas podem ser aperfeiçoados;

7) O primeiro aperfeiçoamento — que pode vir pela simples reinterpretação da Súmula — seria considerar que a distinção entre atividade-meio e atividade-fim só deve ser adotada caso não haja precarização das condições materiais ou em termos de saúde e/ou segurança no trabalho, já que, isto ocorrendo, a terceirização será sempre ilícita, seja ela interna ou externa;

8) Outras sugestões seriam: a) em casos de dúvida, explicitar que terá de ser aplicado o princípio da norma mais favorável (*in dubio pro operario*); b) evitar a redução dos conceitos de subordinação e pessoalidade, para concluir se a terceirização é lícita ou não; c) estender a todos os terceirizados o princípio da isonomia das condições de trabalho e salário; d) reforçar as normas existentes, garantindo explicitamente aos terceirizados o grau necessário de segurança e higiene no trabalho; e) substituir o critério da responsabilidade subsidiária pelo da responsabilidade solidária; f) aplicar o critério da solidariedade entre contratante e contratada não só no caso da terceirização lícita, mas na hipótese de terceirização ilícita, independentemente do reconhecimento do vínculo de emprego com o tomador; g) no caso de uma cadeia de tomadores e fornecedores, aplicar o critério de solidariedade entre todos; h) garantir previamente, por meio de retenção, o valor destinado ao pagamento dos terceirizados;

9) No plano coletivo: a) construir uma interpretação que permita que o sindicato representativo dos terceirizados possa ser, indistintamente, tanto o que tem como correspondente o sindicato das empresas fornecedoras de mão de obra, como o que tem como correspondente o das empresas tomadoras de serviço; b) não se considerando isso possível, que se procure construir uma interpretação que insira os terceirizados em sindicatos dos trabalhadores nas empresas tomadoras de serviço; d) que se assegure de todo modo aos terceirizados, ainda que sejam abrangidos por convenção ou acordo coletivo diferente, as mesmas condições de trabalho e de salário dos trabalhadores da tomadora, caso estas se lhe revelem mais benéficas; e) proibir expressamente a terceirização no curso da greve, salvo na hipótese do art. 9º, § 1º, da Lei n. 7.783;

10) No plano da administração pública: a) tentar construir, no futuro, a ideia da presunção relativa de culpa da Administração, na hipótese de inadimplemento das verbas trabalhistas por parte da empresa

contratada; b) no presente, adotar como critério, para aferir sua responsabilidade, a perfeita adequação do órgão público às normas que disciplinam o processo de licitação e à fiscalização que deve acompanhá-lo, no tocante ao cumprimento das obrigações trabalhistas e previdenciárias.

11) Como princípio geral: manter uma postura sempre restritiva no tocante às terceirizações internas (de serviços), sejam elas quais forem, e um olhar sempre crítico e vigilante em relação às terceirizações externas (de atividade empresarial).

12) Para além do Direito: aprofundar a luta contra a precarização, com as estratégias possíveis — greves, passeatas, uso frequente das redes —, ampliando-a também para o circuito do consumo, mediante práticas como o boicote.

Concluindo

Ao longo de sucessivas décadas, o Direito do Trabalho foi se construindo em torno de um projeto. Nos *anos gloriosos,* que pareciam não ter fim, a ideia era fazer de (quase) todo homem um empregado e de todo empregado um consumidor — redistribuindo rendas e realimentando o ciclo produtivo.

Hoje, o Direito do Trabalho sofre fortes pressões contrárias, inclusive ideológicas; e tende a ser — como acontece, em dose menor, com outros ramos jurídicos — muito mais reativo, pragmático, circunstancial. Em tempos de poucos sonhos e bandeiras, o seu próprio projeto entra em crise, o que o faz ser questionado *por dentro.*

Aliás, como já notamos, parece que hoje *tudo* pode acontecer: para o bem e para o mal, as ideias correm muito mais livres, soltas e leves, como as folhas que os ventos de agosto costumam roubar das árvores. Ligam-se apenas circunstancialmente a um ou outro argumento, que esconde quase sempre uma aspiração econômica.

Até certo ponto, essa mesma aspiração parece estar em sintonia com os movimentos de rua, com as relações humanas em geral e com a própria crise da regra jurídica. Em todos os lugares, respira-se, hoje, um clima de maior liberdade, que acaba potencializando o credo neoliberal — pois também a empresa exige ser leve, livre e solta, desgarrada das amarras jurídicas.

No entanto, essa relativa sintonia não pode justificar o fim das amarras, já que — no plano das relações laborais — a desigualdade de forças não só continua, como se aprofunda. Hoje, ainda mais do que antes, mantém-se atual a visão de Lacordaire, segundo a qual "entre o fraco e o forte, entre o rico e o pobre, é a liberdade que escraviza, é a lei que liberta".

Por outro lado, vivemos um tempo de misturas, e é curioso notar como as novas empresas se interagem com as velhas e mesmo com o mercado informal, articulando, produzindo e controlando a diversidade. Até a natureza dos vínculos de trabalho, hoje, tende a ser flexível e cambiante, na medida em que — com ou sem fraude à lei — a tecnologia permite que a empresa se sirva *indiferentemente* de um autônomo, de um estagiário ou de um empregado, para alcançar o mesmo (ou quase o mesmo) resultado[(159)].

Se esse modelo — de misturas — não expressar uma fase de transição, mas uma tendência do futuro, a solução do problema será ainda mais difícil. Não teremos apenas uma forma de trabalhar, nem um só modelo de empresa, mas uma multiplicidade crescente.

Por isso, também o Direito do Trabalho deve se preparar para ser flexível, mas não no sentido de se tornar menor, abrindo espaço ao mais forte — e sim no de persegui-lo em suas mutações. Ao mesmo tempo, terá também de ser rígido na defesa de seu princípio mais importante — o da proteção — do mesmo modo que o capital também o é quando se trata de acumular riquezas em poucas mãos[(160)].

O combate à terceirização — sobretudo a interna — também exige rigidez e flexibilidade. Rigidez no sentido da defesa do homem trabalhador e do Direito do Trabalho — pois é disso, substancialmente, que se trata. Flexibilidade no sentido das estratégias a seguir, para utilizar não só as formas tradicionais de luta — como os congressos, os livros, as aulas, as greves — mas os novos componentes desse novo mundo, das redes sociais ao *flash mob*. Desse modo estaremos também mesclando o novo e o velho, o grande e o pequeno, em nova sintonia — mas *positiva* — com esses tempos pós-modernos.

É verdade que o PLC n. 30/2015 incorpora algumas das sugestões feitas aqui e por parte da doutrina — como a troca da responsabilidade subsidiária pela

(159) PERULLI, P; SABEL, C. Rappresentanza del lavoro autonomo e coordinamento economico. Il caso degli enti bilaterali dell'artigianato. In: BOLOGNA, S.; FUMAGALLI, A. (orgs.). *Il lavoro autonomo di seconda generazione* — scenari del post fordismo in Italia. Milão: Interzone, 1997. p. 249. A propósito, observa Boaventura de Sousa Santos que "o poliformismo do trabalho só é aceitável na medida em que o trabalho permanece como critério de inclusão", o que não tem acontecido nos nossos dias (Reinventar a democracia: entre o pré-contratualismo e o pós-contratualismo. In: OLIVEIRA, Francisco de; PAOLI, M. Célia (org.). *Os sentidos da democracia:* políticas do dissenso e hegemonia global. Petrópolis: Vozes, 1999. p. 114).

(160) A propósito do princípio da proteção, cf. HOFFMAN, Fernando. *O princípio da proteção ao trabalhador e a atualidade brasileira.* São Paulo: LTr, 2003. Para um estudo geral dos princípios do Direito do Trabalho, cf. DELGADO, Mauricio Godinho. *Princípios de direito individual e coletivo do trabalho*; PLÁ RODRIGUEZ, Américo. *Princípios de direito do trabalho*; e SILVA, Luiz de Pinho Pereira da. *Principiologia do direito do trabalho*, todos da LTr.

solidária, a retenção de valores pela tomadora para garantir os pagamentos aos terceirizados e até mesmo a possibilidade de representação sindical única. Mas em troca dessas vantagens pontuais amplia o espectro das terceirizações.

Ora, multiplicar o número de terceirizados significa multiplicar as trágicas consequências da terceirização — inclusive, como vimos, para o Direito do Trabalho. Além de ferir a sua essência, ela certamente dificultará sua vocação progressista, se é que não irá invertê-la.

Nesse sentido, a terceirização *é também um discurso*: ela aponta para um novo paradigma, um novo modo de pensar e de fazer as leis, uma nova lógica entre o capital e o trabalho. É um símbolo, e por isso também um aceno, um convite, sinalizando para o desmonte progressivo das conquistas operárias. No mínimo, o trabalho se veria refém por inteiro — ou em muito maior escala — do capital.

De fato, num contexto assim, de autêntica e generalizada *marchandage*, qual sentido assumiria o princípio da proteção? E quais outras criaturas estranhas não entrariam depois por aquela porta? Como fazer valer a CLT, se até uma pequena lei, ou uma decisão do STF, for capaz de desafiar e até de ridicularizar a própria essência do Direito do Trabalho? Qual seria a postura dos novos juízes, ao aplicar as antigas normas, se até mesmo o trabalho indigno se naturalizaria, a ponto de se tornar uma regra jurídica?

E como evitar novas investidas aviltantes se o Direito do Trabalho, em última análise, estaria todo impregnado e deturpado pela ideia da terceirização? Como pretender que o sindicato atue, ajudando a criar e a reforçar o Direito estatal, se esse mesmo Direito conspira contra ele? O que esperar desse novo trabalhador — em seus variados papéis de empregado, pai de família ou cidadão que constrói seu país — se ele se vê ou se sente não como homem inteiro, mas como um homem-coisa, que pode até *acabar se habituando com isso?*

São coisas para se pensar — especialmente num contexto político, ideológico e econômico que ataca com violência crescente os direitos sociais.

Referências Bibliográficas

ALVES, Amauri Cesar. *Direito do trabalho essencial:* doutrina, legislação, jurisprudência, exercícios. São Paulo: LTr, 2013.

______. *Pluralidade sindical:* nova interpretação constitucional e celetista. São Paulo: LTr, 2015.

ANDRADE, Everaldo Gaspar L. Crises dos modelos capitalistas e do mercado laboral. *Revista LTr* 58-7, São Paulo: LTr, p. 787, 1998.

ANTUNES, Ricardo. *Adeus ao trabalho?* — ensaio sobre as metamorfoses e a centralidade do mundo do trabalho. São Paulo: Cortez, 1995.

______. *Os sentidos do trabalho* — ensaio sobre a afirmação e a negação do trabalho. São Paulo: Boitempo, 2001.

ARRIGHI, G. *Il lungo XX secolo.* Milão: Il Saggiatore, 1996

BELUSSI, F. Il capitalismo delle reti. Stabilità e instabilità dei corporate network nel settore della subfornitura del tessile — abbigliamento veneto. In: BOLOGNA, S.; FUMAGALLI, A. (orgs.). *Il lavoro autonomo di seconda generazione* — scenari del post fordismo in Italia. Milão: Interzone, 1997.

BIAVASCHI, Magda. *Direito do trabalho no Brasil:* 1930-1942. São Paulo: LTr, 2007.

BIHR, Alain. *Da grande noite à alternativa.* São Paulo: Boitempo, 1991.

BOLOGNA, S. Per un'antropologia del lavoratore autônomo. In: BOLOGNA, S.; FUMAGALLI, A. (orgs.). *Il lavoro autonomo di seconda generazione* — scenari del post fordismo in Italia. Milão: Interzone, 1997.

BOLTANSKI, L.; CHIAPELLO, E. *O novo espírito do capitalismo.* São Paulo: Martins Fontes, 1999.

CAMPOS, Cristiana Soares. *Responsabilidade do grupo econômico na terceirização.* Dissertação de mestrado. Faculdade de Direito da UFMG, 2001.

CATHARINO, José Martins. *Trabalho temporário*. Rio de Janeiro: Edições Trabalhistas, 1984.

CHASTENET, J. *La vita quotidiana in Inghilterra ai tempi della Regina Vittoria*. Milão: Fabri, 1998.

COUTINHO, Grijalbo Fernandes. *Terceirização* — máquina de moer gente trabalhadora. São Paulo: LTr, 2015.

DEDECCA, C. S. *Racionalização econômica e trabalho no capitalismo avançado*. Campinas: Unicamp, 1999.

DELGADO, Gabriela Neves. *Terceirização*: paradoxo do direito do trabalho contemporâneo. Dissertação de mestrado em Direito do Trabalho. Belo Horizonte: PUC-Minas, 2002.

______. *Terceirização:* paradoxo do direito do trabalho contemporâneo. São Paulo: LTr, 2003.

______. *Direito fundamental ao trabalho digno.* São Paulo: LTr, 2006.

DELGADO, Gabriela Neves; AMORIM, Helder Santos; VIANA, Márcio Túlio. Terceirização. Aspectos gerais. A última decisão do STF e a Súmula n. 331 do TST. Novos enfoques. *Revista do Tribunal Superior do Trabalho*, Brasília: TST, v. 77, p. 54-84, 2011.

DELGADO, Mauricio Godinho. *Curso de direito do trabalho.* São Paulo: LTr, 2015.

______. *Princípios de direito individual e coletivo do trabalho.* São Paulo: LTr, 2013.

DI PIETRO, Maria Sylvia Zanella. Terceirização municipal em face da lei de responsabilidade fiscal. In: FORTINI, Cristiana (coord.). *A terceirização na administração:* estudos em homenagem ao professor Pedro Paulo de Almeida Dutra. Belo Horizonte: Fórum, 2009.

FERRARESE, Maria Rosaria. *Le istituzioni della globalizzazione:* diritto e diritti nella società transnazionale. Bologna: Il Mulino, 2000.

FOUCAULT, Michel. *Microfísica do poder.* 11 ed. Rio de Janeiro: Graal, 1997.

______. *Vigiar e punir.* Petrópolis: Vozes, 1987.

GENNARI, Emilio. *Automação, terceirização e programas de qualidade total:* os fatos e a lógica das mudanças nos processos de trabalho. São Paulo: CPV, 1997.

GENRO, Tarso. *Direito individual do trabalho.* São Paulo: LTr, 1994.

HARDT, Michael; NEGRI, Antonio. *Império.* Rio de Janeiro: Record, 2011.

HOFFMAN, Fernando. *O princípio da proteção ao trabalhador e a atualidade brasileira.* São Paulo: LTr, 2003.

HUBERMAN, Leo. *História da riqueza do homem.* Rio de Janeiro: Zahar, 1981.

______. *História da riqueza do homem.* Rio de Janeiro: Guanabara, 1986.

JORNAL *Estado de Minas,* Caderno Classificados, p. 14, 12.3.2003.

KOURY, Suzy E. Cavalcante. A desconsideração da personalidade jurídica e os grupos de empresas. Rio de Janeiro: Forense, 1993.

KRANZBERG, M.; GIES, J. *Breve storia del lavoro.* Milão: Mondadori, 1991.

LOGUERCIO, José Eymard. *Pluralidade sindical:* da legalidade à legitimidade no sistema sindical brasileiro. São Paulo: LTr, 1998.

MACHADO, Sidney. *A subordinação jurídica na relação de trabalho:* uma perspectiva reconstrutiva. Tese de doutorado em Direito do Trabalho — Faculdade de Direito da Universidade Federal do Paraná, Curitiba, 2003.

MAIOR, Jorge Luiz Souto. A terceirização sob uma perspectiva humanista. In: JUNQUEIRA, Carlos Henrique; DELGADO, Gabriela Neves (coords.). *Terceirização no direito do trabalho.* Belo Horizonte: Mandamentos, 2004.

MARGLIN, S. Origem e funções do parcelamento das tarefas (para que servem os patrões?). In: GORZ, A. *Crítica da divisão do trabalho.* São Paulo: Martins Fontes, 1989.

MARONI, Amnéris. *A estratégia da* recus*:* análise das greves de maio de 1978. São Paulo: Brasiliense, 1980.

MENDES, Marcus Barberino. *Terceirização:* o que é, o que não é e o que pode ser". São Paulo: Estúdio, 2014.

MONGARDINI, Carlo. Prefazione. In: MONGARDINI, Carlo (org.). *L´epoca della contingenza.* Milano: Franco Angeli, 2009.

MOREIRA, Melquise de que. *I Seminário sobre Terceirização no Trabalho,* João Pessoa, nov. 2004.

MURADAS, Daniela. *O princípio da vedação do retrocesso no direito do trabalho.* São Paulo: LTr, 2010.

NASSIF, Elaine N. *Conciliação judicial e indisponibilidade de direitos:* paradoxos da "justiça menor" no processo civil e trabalhista. São Paulo: LTr, 2000.

OLEA, Alonso. *Introdução ao direito do trabalho.* Coimbra: Almedina, 1965. *passim.*

PAIVA, Alice R.; SORJ, Bila. Subcontratação e trabalho a domicílio — a influência do gênero. In: MARTINS, H.; RAMALHO, J. (orgs.). *Terceirização.* São Paulo: Hucitec/CEDI/NETS, 1994.

PLÁ RODRIGUEZ, Américo. *Princípios de direito do trabalho.* São Paulo: LTr, 2000.

POLANYI, K. *La grande trasformazione.* Torino: Einaudi, 2000.

PORTO, Lorena Vasconcelos. *A subordinação no contrato de trabalho:* uma releitura necessária. São Paulo: LTr, 2009.

QUEVAL, Isabelle. *Le corps aujourd´hui.* Paris: Gallimard, 2008.

ROBORTELLA, Luiz Carlos Amorim. *O moderno direito do trabalho.* São Paulo: LTr, 1998.

SANTOS, Boaventura de Sousa. Reinventar a democracia: entre o pré-contratualismo e o pós-contratualismo. In: OLIVEIRA, Francisco de; PAOLI, M. Célia (org.). *Os sentidos da democracia:* políticas do dissenso e hegemonia global. Petrópolis, Vozes, 1999.

SEVERO, Valdete Souto. *Elementos para o uso transgressor do direito do trabalho:* compreendendo as relações sociais de trabalho no Brasil e a função do direito diante das possibilidades de superação da forma capital (tese de doutorado). São Paulo: USP, 2015.

SILVA, Luiz de Pinho Pereira da. *Principiologia do direito do trabalho.* São Paulo: LTr, 1999.

TAVARES; Hebel; PEIXOTO, Luiz. *Casa de caboclo.* Música.

TEODORO, Maria Cecilia Maximo. *O juiz ativo e os direitos trabalhistas.* São Paulo: LTr, 2011.

VAZQUEZ, Adolfo Sanches. *As ideias estéticas de Marx.* São Paulo: Expressão Popular, 2011.

VIANA, Márcio Túlio. Direito civil x direito do trabalho: caminhos que se cruzam. In: REIS, Daniela Muradas *et al.* (coord.). *Trabalho e justiça social:* um tributo a Mauricio Godinho Delgado. São Paulo: LTr, 2014.

VILHENA, Paulo Emílio Ribeiro de. *Relação de emprego.* São Paulo: Saraiva, 1975.

WOOD, E. M. *A origem do capitalismo.* Rio de Janeiro: Zahar, 1999.

Anexos

Nesses anexos, estão algumas das declarações de importantes entidades contra a terceirização. As primeiras fazem referência ao PL n. 4.330, que deu origem ao PLC n. 30/2016.

1) Eis a declaração da Associação Latino-americana de Advogados Trabalhistas, presidida pelo advogado Luis Enrique Ramírez, da Argentina, e divulgada pelo caro colega e amigo Luis Carlos Moro:

A TERCEIRIZAÇÃO E A CARTA SOCIOLABORAL LATINO-AMERICANA (SOLIDARIEDADE COM OS TRABALHADORES DO BRASIL)

A ASSOCIAÇÃO LATINO-AMERICANA DE ADVOGADOS TRABALHISTAS (ALAL) foi criada a 1º de maio do ano 2000 em Campos do Jordão, no Brasil. Participaram do ato de fundação várias dezenas de advogados trabalhistas e as principais associações da região. Somos uma ferramenta de luta, um instrumento para a construção de uma nova ordem social, na qual a dignidade do ser humano em geral, e a da pessoa que trabalha em particular, ocupe o centro da cena. Para a ALAL, a defesa dos direitos e interesses da classe trabalhadora constitui sua razão de ser.

É evidente que os trabalhadores e os sindicatos veem a chamada "terceirização" como uma ameaça a seus direitos. Mas a terceirização é apenas um aspecto, uma consequência, de um modelo econômico vigente no mundo, e de um sistema de relações de trabalho que esse modelo impõe. Por isso, na ALAL, vimos dizendo desde há vários anos, que os trabalhadores têm que superar a etapa de ficar à defensiva, de dizer apenas o que não querem, e definir qual é o modelo de sociedade em que eles querem viver e qual é o sistema de relações de trabalho que consideram justo. E aqui aparece a Carta Sociolaboral Latino-americana, sobre a qual estamos trabalhando na ALAL.

A globalização que impõe o sistema capitalista, desenhada a partir dos interesses das grandes corporações transnacionais, demanda aos povos que pretendem resisti-la uma resposta também global. Não existe região do planeta que esteja em melhores condições para avançar em um processo de integração que a América Latina. E não estamos nos referindo a uma integração econômica, que se limita a estabelecer normas tarifárias e alfandegárias. Estamos falando de uma autêntica integração social, política e econômica, que tome conta de tudo o que identifica e une a América Latina, respeitando as diferenças nacionais.

A terceirização é uma consequência natural e necessária da globalização econômica e financeira e, portanto, responde a sua lógica e a seus princípios. Em seu código genético está o aumento da taxa de lucro, o melhoramento da competitividade, uma maior rentabilidade, a eficiência técnica e, fundamentalmente, a flexibilidade necessária para se adaptar a mercados mutáveis demais. A contrapartida é a busca da redução dos custos laborais e a transferência dos riscos da empresa aos trabalhadores.

A terceirização é, então, uma estratégia do capitalismo globalizado, que claramente prejudica os trabalhadores, já que seus direitos são a variável de ajuste do sistema. A resposta dos trabalhadores a uma ofensiva global contra seus direitos, não pode ser local, isto é, limitada a um país, porque as possibilidades de sucesso são praticamente nulas. O internacionalismo que postulava em seus albores o movimento sindical é hoje uma dramática necessidade desta conjuntura histórica.

Por isto tudo, na ALAL estamos impulsionando uma Carta Sociolaboral Latino-americana. Em nosso projeto, o ponto 16 (dezesseis) estabelece: "Garantia de cobrança dos créditos laborais, estabelecendo-se a responsabilidade solidária de todos os que na cadeia produtiva se aproveitam ou beneficiam da força de trabalho assalariada". **Mas hoje estamos propondo proibir a terceirização**. É claro que, numa matéria em que impera o princípio de primazia da realidade, devem ser proibidos e punidos todos os casos de fraude laboral, onde o que busca a terceirização é eludir a responsabilidade do beneficiário final do trabalho prestado, desmelhorar as condições de trabalho, diminuir os custos e dificultar a ação coletiva dos trabalhadores.

Também é claro que o Direito do Trabalho, cujo objetivo é a proteção da pessoa que trabalha por conta alheia, deve ser naturalmente desconfiado a respeito das relações "triangulares", já que a relação de trabalho deve se dar, naturalmente, entre o trabalhador e aquele que se beneficia com sua atividade. A "intermediação", em qualquer nível e com qualquer intensidade, deve ser considerada, no mínimo, "suspeita" de...

Latino-américa, abril de 2015

Luís Carlos Moro

---

2) Segue a Carta de São Paulo, de iniciativa da USP e subscrita por vários segmentos da vida acadêmica e da sociedade em geral:

Carta de São Paulo

Manifesto contra a Terceirização: muito além do PL n. 4.330/04

As entidades e as pessoas abaixo relacionadas vêm a público manifestar sua firme oposição ao PL n. 4.330, vez que tal projeto de lei, a despeito de prometer a efetividade dos direitos trabalhistas e a ampliação das oportunidades de emprego, serve, na verdade, para dividir ainda mais a classe trabalhadora, a tal ponto de impossibilitar sua organização e mobilização sindical. Com isso, favorece a redução concreta dos direitos dos trabalhadores, o que contraria, frontalmente, o objetivo da Constituição Federal, que é o da melhoria da condição social e econômica da classe trabalhadora.

Repudiam qualquer argumento baseado em dificuldade econômica ou melhoria da competitividade que tenha como propósito inverter os princípios constitucionais dos valores sociais do trabalho e da livre-iniciativa, da dignidade da pessoa humana e do desenvolvimento econômico conforme os ditames da justiça social. Cumpre lembrar, neste tema específico, que a terceirização, presente no cenário das relações de trabalho no Brasil há 22 anos, já deu mostras suficientes dos danos que gera à classe trabalhadora com os diversos casos de trabalho em condições análogas a de escravo, elevado número de acidentes do trabalho, jornadas excessivas, baixos salários, não recebimento de verbas rescisórias, além do natural efeito da invisibilidade a que são conduzidos os terceirizados, tudo isso sem nenhum benefício concreto para as empresas tomadoras de serviços e para a economia em geral, tanto que adveio essa reivindicação de ampliação da terceirização exatamente sob o fundamento de que seria necessária para "estimular a economia" em franca desaceleração.

A discussão do PL n. 4.330, quando se reconhecem as perversidades da terceirização, notadamente no que se refere às precarizações nas relações de trabalho, é o ensejo para encaminhar uma agenda política voltada à eliminação de toda e qualquer modalidade de terceirização, sobretudo no setor público, em que nem mesmo os argumentos falaciosos de especialidade e de aprimoramento da competitividade têm algum tipo de pertinência, ainda mais porque a prática fere a exigência constitucional do acesso ao serviço público mediante concurso de provas e títulos, além de facilitar a corrupção, o nepotismo e o aumento desmesurado dos gastos públicos.

Por fim, serve o presente manifesto também para deixar claro que caso venha a ser aprovado o PL n. 4.330 todos os esforços jurídicos pertinentes serão levados a efeito para inviabilizar a concretização da ofensa aos princípios constitucionais e a institucionalização da barbárie.

São Paulo, 29 de abril de 2015.

As assinaturas constam de rodapé no final deste livro.

---

3) Eis a declaração do Fórum Permanente em Defesa dos Direitos dos Trabalhadores Ameaçados pela Terceirização

Senhores Senadores

O fantasma da terceirização e os trabalhadores brasileiros.

Este texto é assinado pelo Fórum Permanente em Defesa dos Direitos dos Trabalhadores Ameaçados pela Terceirização, Fórum, que congrega além das Centrais Sindicais, Confederações, Federações e Sindicatos de Trabalhadores, como, entre outras, CUT, Força Sindical, CTB, UGT, Nova Central, Intersindical, FUP, Contraf, Industriall, o MHuD — Movimento Humanos Direitos, o MST, a UNE, pesquisadores, estudiosos, entidades representativas do mundo do trabalho, entre elas: Associação Latino Americana de Advogados Laborais, ALAL; Associação Latino Americana de Juízes do Trabalho, ALJT; Associação Nacional dos Magistrados do Trabalho, Anamatra; Associação Brasileira de Advogados Trabalhistas, ABRAT; Associação Nacional dos Procuradores do Trabalho, ANPT; Ordem dos Advogados do Brasil, OAB; Sindicato Nacional dos Auditores Fiscais do Trabalho, SINAIT, além de pesquisadores de centros acadêmicos como do CESIT/IE/Unicamp, da UFBA, bem como o Grupo de Pesquisa "Trabalho, Constituição e Cidadania", UnB — CNPq.

Recentemente, a imprensa noticiou que o Presidente do Senado da República, Senador Renan Calheiros, teria afirmado que o PLC n. 30/2015, aprovado na Câmara (PL n. 4.330/2004), em tramitação no Senado, será votado brevemente por se tratar de tema de relevância para as relações de trabalho. Recentemente, também, o Presidente do TST, Ministro Ives Gandra Filho, em discurso de posse e em entrevista amplamente veiculada pela mídia, defendeu a aprovação do PLC n. 30/2015, argumentando tratar-se de via de modernização da legislação brasileira, colocações que vem sendo rebatidas por expressivas entidades de magistrados, advogados laborais, membros do Ministério Público do Trabalho, estudiosos do direito.

O Fórum, importante espaço resistência ao PL n. 4330/2004 e, agora, ao PLC n. 30/2015, vem, ao ensejo desses acontecimentos, novamente, denunciar o grande retrocesso dessa proposta, cujo potencial altamente precarizador dos direitos dos trabalhadores em geral tem sido destacado em todas as audiências públicas que a Comissão de Direitos Humanos, CDH, do Senado, com apoio do Fórum, tem realizado nos Estados da Federação. Nas 25 audiências realizadas — processo em andamento e que será finalizado com grande plenária em Brasília — foram aprovados documentos denunciando os efeitos nefastos da terceirização e reforçando a importância da luta contra o PLC n. 30/2015 que, se aprovado, aprofundará as iniquidades praticadas contra a classe trabalhadora, em desrespeito aos princípios constitucionais da dignidade humana e do valor social do trabalho e com impactos negativos na constituição de fundos públicos essenciais às políticas sociais, com destaque à Seguridade Social. No mesmo sentido se tem manifestado a sociedade brasileira, consciente das implicações de sua aprovação para todos os trabalhadores e trabalhadoras.

O Fórum, ciente de que não é por meio da precarização do trabalho que serão alcançados melhores indicadores de competividade e de produtividade, deixa claro que não aceitará qualquer retrocesso na garantia jurídica dos trabalhadores. Dessa forma, confia que serão envidados todos os esforços para que o PLC n. 30/2015 não seja aprovado, e persistirá na caminhada até aqui trilhada, buscando desnudar a falsa ideia de que, se aprovado, em nada beneficiará os cerca de mais de doze milhões de terceirizados brasileiros, boa parte na informalidade. Ao contrário. Por outro lado, além de eliminar todos os freios à terceirização, permitindo-a em quaisquer atividades, possibilitará a quarteirização, aprofundará as desigualdades, fragilizará a organização sindical, correspondendo a uma exploração promíscua do trabalho.

Assim, o Fórum volta a rechaçar todas e quaisquer tentativas de aprovação de medidas que:

— Incorporem formas de precarização do trabalho, ao permitirem que trabalhadores sejam contratados com jornadas mais extensas e expostos a maiores riscos no ambiente de trabalho resultando em maior incidência de acidentes fatais que sabidamente envolvemos trabalhadores terceirizados;

— Aprofundem as desigualdades, ao permitirem salários menores para os terceirizados em relação ao trabalhador efetivo para as mesmas funções/tarefas;

— Contribuam para fragmentar a organização dos trabalhadores;

— Discriminem e desrespeitem direitos conquistados;

— Legalizem iniciativas patronais que têm sido condenadas pela Justiça do Trabalho;

— Favoreçam a "pejotização", assim entendida a contratação de trabalhadores como pessoas jurídicas, e os consequentes reflexos negativos na Previdência Social e demais fundos públicos;

— Legitimem ou favoreçam a terceirização de serviços;

— Rompam com a solidariedade de classe e com a identidade no trabalho; e

— Limitem os horizontes do trabalhador em relação às perspectivas de vida e realização profissional, gerando profunda insegurança e angústia no trabalho.

Neste difícil momento da sociedade brasileira, em que se faz necessário um projeto de desenvolvimento econômico e social que respeite os direitos dos trabalhadores, o FÓRUM confia que os senhores não provocarão tamanho retrocesso aos direitos sociais fundamentais conquistados, enfatizando que se aprovarem o PLC n. 30/2015 poderemos ter empresas sem empregados e trabalhadores sem direitos. Aliás, é na contratação pela via da terceirização que, para além dos problemas já apontados, esconde-se uma das formas mais perversas da exploração humana no campo e nas cidades: o trabalho escravo.

Brasília, março de 2016.

Seguem[161], os nomes dos signatários do manifesto anterior (Carta de São Paulo).

---

(161) RENAPEDTS — Rede Nacional de Pesquisas e Estudos em Direito do Trabalho e da Seguridade Social Configurações Institucionais e Relações de Trabalho — CIRT (UFRJ); Direito do Trabalho e Teoria Social Crítica (UFPE); Trabalho e Regulação no Estado Constitucional — GPTREC (UniBrasil/PR); Grupo de Pesquisa Trabalho e Capital — GPTC (USP); Direitos Humanos, Centralidade do Trabalho e Marxismo (USP); Núcleo de Estudos em Empresas, Mercado e Regulação (UVV); Núcleo de Pesquisa Trabalho Vivo (UFPR); Trabalho, Constituição e Cidadania (UnB); Retrabalhando o Direito — RED (PUC-Minas); GRUPE (UFC); Grupo de Pesquisa Acesso à Justiça na Perspectiva dos Direitos Humanos (FDV); Grupo de Estudos sobre Terceirização — IPA (Instituto Porto Alegre); ADUSP — Associação de Professores da USP (Ciro Teixeira Correia); AJD — Associação Juízes para Democracia (André Augusto); ANAMATRA — Associação Nacional dos Magistrados Trabalhistas (Silvana Abramo); ANPT — Associação Nacional dos Procuradores do Trabalho; ABRAT — Associação Brasileira dos Advogados Trabalhistas (Roberto Prarahyba); ALAL — Associação Latino-Americana de Advogados Laboralistas; ALTJT — Associação Latino-Americana de Juízes do Trabalho; AMATRA2 — Associação dos Magistrados Trabalhistas da 2ª Região — São Paulo (Patrícia Almeida Ramos); AMATRA4 e FEMARGS (Valdete Severo); INTERSINDICAL CENTRAL DA CLASSE TRABALHADORA; CUT — Central Única dos Trabalhadores; CSP — Conlutas; CONTRACS — Confederação Nacional dos Trabalhadores no Comércio e Serviços; Sindicato dos Bancários de Santos; Sindicato dos Químicos Unificados de Campinas e Osasco; FENAMETRO — Federação Nacional dos Metroviários; FENADV — Federação Nacional dos Advogados; FENAPOSPETRO — Federação Nacional dos Trabalhadores em Postos de Gasolina; FEPOSPETRO — Federação dos Frentistas do Estado de São Paulo; SINTUSP — Sindicato dos Trabalhadores da USP; Sindicato dos Metroviários de São Paulo; Sintrajud — Sindicato dos Trabalhadores da Justiça Federal; Sindicato dos Advogados de São Paulo; Sindicato das Trabalhadoras Domésticas de Campinas; Sindicato dos Comerciários de Fortaleza; Assibge — SN/Núcleo São Paulo — Associação dos Servidores do IBGE; Associação de Servidores e Servidoras da Defensoria Pública do Estado de São Paulo; AOJUSTRA — Associação dos Oficiais de Justiça da Justiça do Trabalho da 2ª Região; Centro Acadêmico XI de Agosto (Canto Geral); Pr'Além das Arcadas; ANEL; Contraponto; Unidade Classista; Rua; Luta Popular; MNN — Movimento Negação da Negação; Consulta Popular; UJC — União da Juventude Comunista; Levante Popular da Juventude; Esquerda Marxista; Fábrica Ocupada Flaskô; Adib Pereira Netto Salim; Aldacy Rachid Coutinho; Carlos Henrique Bezerra Leite; Cláudio Jannotti da Rocha; Daniela Muradas Reis; Daniele Gabrich Gueiros; Everaldo Gaspar Lopes de Andrade; Flávio Roberto Batista; Francisco Gerson Marques de Lima; Gabriela Neves Delgado; Grijalbo Fernandes Coutinho; Hugo Cavalcanti Melo Filho; Jorge Luiz Souto Maior; Juliana Teixeira Esteves; Leonardo Wandelli; Márcio Túlio Viana; Marcus Orione Gonçalves Correia; Maria Cecília Máximo Teodoro; Rodrigo de Lacerda Carelli; Sayonara Grillo Coutinho Leonardo da Silva; Sérgio Torres Teixeira; Valdete Souto Severo; Flávio Roberto Batista — FDUSP; David Furtado Meirelles — Desembargador TRT/SP; Patrícia Almeida Ramos — Presidente AMATRA 2; Silvana Abramo — ANAMATRA

— Desembargadora TRT/SP; Roberto Parahyba de Arruda Pinto — ABRAT — Vice-Presidente; André Augusto Salvador Bezerra — Presidente da AJD; Silvana Marcia Montechi Valladares de Oliveira — Procuradora do Trabalho — MPT-SP; Toninho Vespoli — Vereador São Paulo — PSOL; Edson Carneiro da Silva — Intersindical ; Alexandre Pariol Filho — SINTUSP; Julio Turra — CUT — Diretor Executivo; Altino de Melo Prazeres Júnior — CSP — CONLUTAS; Alci Matos Araujo — CONTRACTS/CUT; Ana Tercia Sanches — CUT — Sindicato Bancários São Paulo, Osasco e Região; Chico Bezerra — FENADV — Federação Nacional Dos Advogados; Beatriz Martins da Costa Diniz; Francesca S. Mendes da Silva; Carlos Henrique Benigno Pazetto; Thamíris Evaristo Molito; Lucas Ferreira Cabreira; Pedro Luiz de O. Pinto; Almiro Edurado de Almeida; Guilherme Henrique de Paula Cardim; Avanilson A. Araújo — Luta Popular; Paula Ferreira Telles — Luta Popular; Maria Fernanda Cardoso de Oliveira; Renata Falavina Cardoso de Oliveira; Roberto Delgado de Carvalho; Vicente Garcia Ruiz — Frei Tito: Instituto Direitos Humanos; Waldemar Rossi — Pastoral Operária; Luiz de Souza Arraes — FENEPOSPETRO; Francisco Soares Souza — Federação Nacional dos Frentistas; Maria Florinda Fiorese; Idolina Poleza; Victor Emanuel Bertoldo Teixeira; Giovanna Maria Magalhães Souto Maior — GPTC; Patrícia Maeda — juíza do trabalho — GPTC; Paulo de Carvalho Yamamoto — GPTC - ALAL — CONTRACTS; Patricia Maria di Lallo Leite do Amaral — GPTC; Igor Cardos Garcia — GPTC; Gabriel Zomer Facundini; Deise Carolina Munis Rebelo; Vinicius de Medeiros; Ingrid Leão — Cladem; Carlos Roberto Pereira Bitencourt; Thiago Arcanjo Calheiros de Melo; Vinícius Pinheiro — Revista Crítica do Direito; Ovídio Belarmino Vieira; Marcelino de Paula — Metroviário; Érica de Paula; Jorge S. Hadadd; Emanuela M. Gomes; Jeruza Souza — Assibge: Núcleo São Paulo; Bianca Schmid — Assibge: Núcleo São Paulo; Raquel Morel Gonzaga — SINTRAJUD/SP; Vinícius de Macedo — Servidor Justiça Eleitoral; Claudete Braghini — Servidora do IPEN/SP — SINDSEF/SP; Ismael da Silva — Servidor do MTE/SO — SINDSEF/SP; Natalino Yoshimi Sakamura — Servidor do BACEN/SP — SINAL/SP; Fernando Silva de Araújo — FDUSP — GPTC; Adriana Regina Strabelli — Advogada — GPTC; Mariana Cristina Capovilla — Advogada; Tiago Luís Saura — Advogado — GPTC — DHCTEM-USP; Mauro Sérgio de Souza Candido — Servidor do TJSP; Giovana Labigalini Martins — Advogada — GPTC; Ana Carolina Bianchi P. C. Marques — Advogada — FDUSP; Gustavo Angelelli — Pós-FDUSP; Raphael do R. R. Ferreira — Pós-FDUSP; Gabriel Franco da Rosa Lopes — Advogado — FDUSP; Luciano Palhano Guedes — Procurador Federal — DHCTEM — USP; Ivan Alberto Longo Palma - Pós-FDUSP — DHCTEM — USP; Thiago de Sousa Leal — Pós-FDUSP, DHCTEM — USP; Pablo Biondi — Pós-FDUSP — DHCTEM — USP; Tairo Batista Esperança— Pós-FDUSP — DHCTEM — USP; Roger Reis Nina — Professor da Rede Estadual de SP; Leonardo Lira Lima — Servidor da UFABC — Coordenação Executiva do SINTUFABC; Maria Andréia Junqueira Fernandes; Daniel Bianchi; Maíra Machado; Caroline da Purificação Ambrosin — GPTC; Paula Freitas de Almeida — UNICAMP; Rubens Leite Filho — GPTC; Evandro José Colzani — Esquerda Marxista; Alexandre Mandl — Fábrica Ocupada Flaskô; Lúcia Midori Kajino; Danilo Uler Corregliano — Consulta Popular; Thiago Duarte Gonçalves — AOJUSTRA; Bruno Gabriel Kanabiam — Levante Popular Da Juventude; Mariana Ribeiro Lorenzi — Levante Popular Da Juventude; Thiago Barison de Oliveira — SASP; Paula Faria Masulk — Coletivo Contraponto; Júlia Faria Masulk; Toninho Vespoli — Vereador PSOL; Milton S. Guiguer — TRT 2ª Região; Hélio Augusto — PSOL; Alia Ahmad Halat — PSOL — Espaço Cultural Carlos Marighella; Dorceni José de Souza — PT — Sindicato das Domésticas de Campinas; Carlos M. O. de Jesus; Deise Lilian Lima Martins; Gabriela Sanches Ribeiro; Bárbara Marques; Matheus Zuliane Falcão — FDUSP; Edgar Santos Nunes — FDUSP; Ivan Mussoleno — FDUSP; Daniel Pereira Campos — FDUSP; Luiza Panar Ferraro — FDUSP; Paulo José Domingues Filho — FDUSP; Milene Iris Borges Estanislau — FENEPOSPETRO; Leila Marcia da Silva — SINPOSPETRO Campinas; Sandoval Paulino da Silva; Ileir Oliveira Lopes — SINPOSPETRO Campinas; Gustavo Seferian S. Machado — FDUSP; Mariana Benevides da Costa — GPTC; Luísa Weichert — FDUSP; Alana Ramos — FDUSP; Ana Carolina Cartillone — FDUSP; Érica Meireles de Oliveira — FDUSP; Associação de Servidores e Servidoras da Defensoria Pública do Estado de São Paulo; Leonardo Borges Martins — FDUSP; Marina Cieri Pinho — FDUSP; Gerson Alberto Soares — FDUSP; José Leonardo de Souza Júnior — FDUSP; Paula Davoglio Goes — Levante Popular da Juventude;

Sebastião Curi — Sindicato dos Metalúrgicos ABC; Domingos Braga Mota — Sindicato dos Bancários de Fortaleza — Ceará; Maximiliano Nagl Garcez — ALAL (Associação Latino Americana dos Advogados Laboralistas); Guilherme L. Santos — Jornalista (PCB); Bárbara Arantes Kosloff — Jornalista; Lucas Pereira da Silva — Unidade Classista; Felipe Wanderley de Carvalho — União da Juventude Comunista — UJC; Vania Maria Gonçalves — Sindicato dos Metroviários de São Paulo; Paulo Pasin (Presidente) — FENAMETRO (Federação Nacional dos Metroviários); Luciano Quartieri — Sindicato Bancários de Santos; Vinissio M. Clemente — Sindicato Bancários de Santos; Roger Luís de Sousa Gonçalves — Sindicato Bancários de Santos; Sergio dos Santos Cabeça — Sindicato Bancários de Santos; Vanessa Gonçalves — Sindicato Bancários de Santos; Claudio Henrique — Sindicato Bancários; Nivaldo José Alves — Sindicato Bancários de Santos e Região; Alexandre Maciel da Silva — Intersindical; Eneida Figueiredo Koury — Intersindical.

Produção Gráfica e Editoração Eletrônica: R. P. TIEZZI
Projeto de Capa: FABIO GIGLIO
Impressão: FORMA CERTA